Rechtschreibung verstehen und üben

lernserver
Individuelle Förderung

Fördersequenzen

Der Lehrgang für Jugendliche und junge Erwachsene

2 Betonung Dopplung

Petra Schönweiss · Christian Kowalski · Friedrich Schönweiss (Hg.), Universität Münster

Impressum

Petra Schönweiss, Friedrich Schönweiss (Hrsg.)
Fördersequenzen, Band 2 – Betonung und Dopplung
Der Lehrgang für Jugendliche und junge Erwachsene
Rechtschreibung verstehen und üben

Herausgeber:
Prof. Dr. Friedrich Schönweiss
Arbeitsbereich Neue Technologien im Bildungs- und Sozialwesen/Medienpädagogik
Westfälische Wilhelms-Universität Münster

Adresse/Kontakt:
Lernserver – Individuelle Förderung
Prof. Schönweiss und Team
Robert-Koch-Str. 29
D-48149 Münster
Tel.: +49 251 83-28409
Fax: +49 251 83-21206
www.lernserver.de
info@lernserver.de

Autorin: Petra Schönweiss unter Mitarbeit von Christian Kowalski
Illustration: Petra Schönweiss
Design und Druckvorbereitung: Marina Forstmann

Verlag und Bezugsquelle:
Lernserver-Institut – Verlag für Bildungsmedien GmbH
Tel.: +49 3212 3211121
Fax: +49 3212 3211121
www.lernserver-shop.de
info@lernserver-shop.de

Druck:
Klick-Verlag Media und Consulting GmbH
www.klick-verlag.de

4. Auflage 2018

Mit freundlicher Unterstützung der Sparkasse Stadtlohn und der St.-Anna-Realschule, Stadtlohn

ISBN 978-3-940876-46-1

Inhaltsverzeichnis Band 2
Betonung und Dopplung

Sehr geehrte Lehrkräfte und Eltern,
liebe Lernserver-Kooperationspartner,

wir freuen uns, Ihnen mit unseren *„Fördersequenzen“* die zentralen Rechtschreibbereiche der deutschen Orthographie nun auch für *Jugendliche und junge Erwachsene* zur Verfügung stellen zu können. Sie halten damit in kompakter Form einen strukturierten Lehrgang in Händen, der sowohl im regulären Unterricht als auch in der individuellen Förderung oder zuhause eingesetzt werden kann.

Einsatzbereiche und Förderszenarien

In abwechslungsreicher Form werden unterschiedliche methodische Zugänge zum Lernstoff unterstützt, vom Lehrervortrag über die Gruppen- oder Partnerarbeit, bis hin zum selbstständigen Lernen. Mit ihrer Kombination aus *Entdecken, Verstehen und Üben* können die *Fördersequenzen* auf unterschiedliche Weise genutzt werden.

- Für den regulären Unterricht eignen sie sich als **strukturierter Lehrgang**.
- In Verbindung mit der Lernserver-Diagnostik können im Klassenverband die Fehlerschwerpunkte der Schüler ermittelt werden, um daran anknüpfend **einzelne Bereiche gemeinsam** zu erarbeiten oder in Form der **Binnendifferenzierung** zu festigen.
- Im Rahmen von **Förderstunden** lassen sich gezielt kleinere oder größere Lücken schließen.
- **Zuhause** können sie in Ergänzung zum Unterricht oder als eigenständiger Kurs genutzt werden. In manchen Fällen, insbesondere bei jüngeren Schülern, ist die begleitende Unterstützung durch die Eltern empfehlenswert.

Was die ***Förderung* von Schülern mit *größeren Problemen*** angeht, sollte mithilfe der Lernserver-Diagnostik (MRA 7+) ein *individuelles Leistungsprofil* erstellt werden. Zeigt dieses Profil an, dass der Schüler den Grundlegenden Bereich der Rechtschreibung beherrscht und nur innerhalb bestimmter Regelbereiche unsicher ist, können die *Fördersequenzen* entsprechend der ermittelten Fehlerarten eingesetzt werden. Sofern allerdings im Rahmen der Lernserver-Diagnostik für den Grundlegenden Bereich (insbesondere auf der Ebene der Laut-Zeichen-Zuordnung, also z.B. der Fähigkeit, einzelne Laute differenzieren und mit den entsprechenden Schriftzeichen verschriften zu können) massivere Probleme festgestellt werden, empfiehlt es sich, auf die Lernserver-Teststufe 5/6 zurückzugehen und den entsprechend der Testergebnisse zusammengestellten individuellen Förderplan dieser Stufe mit dem Schüler durchzuarbeiten.

Inhalte

Jede Fördersequenz beinhaltet *ein* wichtiges Rechtschreibthema. Insgesamt liegen bis jetzt neun Sequenzen in fünf Bänden vor:

- Umlautableitung
- Auslautableitung
- Betonung
- Dopplung
- S-Laute
- Dehnung
- Der lange i-Laut
- Großschreibung
- Gleichklingende Buchstabengruppen

Aufbau

Alle *Fördersequenzen* sind mit kleinen Abweichungen nach folgendem Muster aufgebaut:

- Einführung des Themas (Problemerkennung)
- Erklärung der orthographischen Gesetzmäßigkeit
- Übungen (Lückenwörter, Lückentexte, Diktate, Rätsel usw.)
- Kennenlernen der Ausnahmen (Merkwörter)
- Vertiefende Übungen und Wiederholungen
- Informeller Abschlusstest

Zu jeder Übung gehört ein Lösungsblatt, das zudem auch häufig „Hinweise für den Lehrenden“ beinhaltet, in denen Erklärungen zur Didaktik, Wissenswertes zum jeweiligen Thema oder auch Tipps für vertiefende Aufgaben angeboten werden.

Methodik

Wie in der gesamten Lernserver-Förderung zielt auch die Methodik der *Fördersequenzen* darauf ab, den Schüler zum Erkunden und Durchschauen der orthographischen Gesetzmäßigkeiten anzuregen. Ihm soll mit der Aneignung von Regelwissen eine verlässliche Alternative zum reinen Einprägen des Wortbilds geboten werden, so dass er bei unbekannten oder mangelhaft gespeicherten Wörtern die Möglichkeit hat, sich die Schreibung mittels geeigneter Strategien *selbst* herzuleiten.
Zudem erhält der Schüler die Chance, Ordnung und Struktur in die schier unüberschaubare Vielfalt von Schreibungen zu bringen, die ihn vielleicht schon in den vergangenen Jahren an der Rechtschreibung und vor allem an sich selbst zweifeln ließ.
Mithilfe der vorliegenden Übungen aber kann ihm nachvollziehbar gemacht werden, dass der Kern der Orthographie logisch und damit auch erlernbar ist, und dass nur die „äußeren“ Bereiche sich den Regeln entziehen (und deshalb als Merkwörter gelernt werden müssen). Er erfährt, dass er durchaus dazu fähig ist, über die einzelnen orthographischen Phänomene zu reflektieren; er erkennt Regelmäßigkeiten und Zusammenhänge, er lernt Analogien zu bilden und Transferleistungen zu erbringen. Dies alles schafft Sicherheit, Erfolgserlebnisse und damit auch die nötige Motivation, sich mit dem Kapitel Rechtschreibung überhaupt noch befassen zu wollen.

Um eventuellen Missverständnissen vorzubeugen: Die kognitive Herangehensweise an die Rechtschreibung, bei der durch Regelwissen die korrekte Schreibung eines Wortes herausgefunden wird, enthebt den Schüler keinesfalls von der Notwendigkeit, häufig und viel zu lesen und zu schreiben. Nur in der regelmäßigen Anwendung und mit Üben und Automatisieren des Gelernten erreicht er das Ziel, die Regeln nicht mehr bewusst anwenden zu müssen, sondern nur noch als letzte Sicherheit für besonders schwierige Wörter in der Hinterhand zu haben. Mangelnde Automatisierung ist oft der Grund dafür, dass das erworbene Wissen in Diktaten oder Aufsätzen nicht in gewünschtem Maße eingesetzt werden kann und deshalb auch nicht zu einer Notenverbesserung führt. Der große Unterschied zum stumpfen Einprägen des Wortbildes ist aber der, dass der Schüler mit seinem Regelwissen dazu in die Lage versetzt wird, seine Fehler *selbst* zu erkennen, einzuordnen und zu verbessern. Er kennt nun die *Gründe*, warum ein Wort so und nicht anders geschrieben wird, und ist damit nicht mehr nur auf Treu und Glauben und auf ein gutes Wortbildgedächtnis angewiesen.
In aller Konsequenz muss es dem Schüler jedoch trotz allem gelingen, einen ausreichend großen Wortschatz in seinem lexikalischen Gedächtnis zu speichern, damit er die Schriftsprache auch hinsichtlich der erforderlichen Schnelligkeit angemessen anwenden kann.

Voraussetzungen

Das Schreiben *lauttreuer* Wörter sollte beherrscht werden. Diese Fähigkeit ist mithilfe der Lernserver-Diagnostik einfach und schnell ermittelbar: Hat ein Schüler im Test noch viele Fehler gemacht, die im Leistungsprofil dem *Grundlegenden Bereich* zugeordnet wurden, muss zunächst ausreichende Sicherheit innerhalb des lautanalytischen Rahmens erlangt werden, bevor der Schüler mit den „Regeln“ konfrontiert wird. Dies gilt für *alle Lerner*, auch wenn dies oft zunächst weder von den älteren Schülern selbst noch von den Lehrern oder Eltern als notwendig oder sinnvoll erachtet wird. Der Vergleich mit der Mathematik mag zum besseren Verständnis dienen: Es käme keinem Pädagogen in den Sinn, einem Kind das Bruchrechnen beibringen zu wollen, ohne dass es vorher genügend Erfahrung mit Zählen, Addieren, Subtrahieren, Multiplizieren und Dividieren sammeln konnte. Sehr ähnlich ist es aber mit dem Schreiben:
Die Beherrschung des lauttreuen Bereichs ist das *Fundament* des Schriftsprachgebäudes, auf dem die weiteren Stockwerke aufgebaut werden können. Wenn aber schon das Fundament wackelt, ist es schwierig bis unmöglich, darauf ein sicheres Haus mit mehreren Stockwerken aufzubauen. Dies wird umso deutlicher, wenn man sich bewusst macht, welch elementare Themen der *Grundlegende Bereich* eigentlich umfasst. Es geht dabei beispielsweise um die Umsetzung von Lauten in Buchstaben, um die akustische Identifikation von Lauten und die optische Identifikation von Zeichen, um die akustische und optische Differenzierung ähnlicher Laute, um die vollständige Durchgliederung eines Wortes, ohne dass Buchstaben und Silben ausgelassen oder hinzuzugefügt oder in falscher Reihenfolge niedergeschrieben werden, oder um die Schreibung von selteneren Zeichen wie qu. (Für diese elementaren Schritte im Schriftspracherwerb stehen zurzeit Lernserver-Fördermaterialien bis Klasse 6 zur Verfügung.)

Erst wenn ein Schüler alle oben genannten Fertigkeiten bereits in ausreichendem Maße erwerben konnte, ist die Arbeit mit Regeln, beispielsweise zur Dopplung oder Dehnung, die vom Lerner durchaus anspruchsvolle Wahrnehmungsfähigkeiten und Handlungen verlangen, sinnvoll und erfolgversprechend.
Es muss also erst die *Basis* geschaffen werden. Dazu gehört auch, dass der Schüler zumindest langsam, aber korrekt lesen kann.
Des Weiteren muss er Vokale (a, e, i, o, u), Konsonanten (alle anderen Laute) und Diphthonge (au, ei, eu, äu, ai) benennen und unterscheiden können.
Außerdem ist die Fähigkeit erforderlich, in einem Wort den *betonten Vokal* aufzuspüren und seine Klangqualität herauszufinden, da darauf die wichtigsten orthographischen Regeln aufbauen. Der *Betonung* ist deshalb eine eigene Fördersequenz gewidmet. Sie muss auf alle Fälle *vor* den Themen „Dopplung", „S-Laute" und „Dehnung" bearbeitet werden.

Handhabung der Materialien

Zu Themen, bei denen es uns erforderlich schien, gibt es zu Beginn der Sequenz ein Blatt mit *einführendem Hintergrundwissen* für die Lehrkraft (bzw. die betreuende Person). Auch wird an dieser Stelle das inhaltliche „Warum" und „Wie" der Übungen aufgezeigt, damit sich der Lehrende einen Wissensvorsprung aneignen kann, um für eventuell auftauchende Fragen des Schülers gewappnet zu sein.
An dieser Stelle möchten wir aber gerne darauf hinweisen, dass es keine Schande ist, wenn man auch als Lehrkraft nicht auf alle Fragen eine Antwort parat hat. Vor allem bei der Großschreibung gibt es genügend Spitzfindigkeiten, die ein **Nachschlagen im Wörterbuch** notwendig machen können. Oftmals entlastet es sogar das Verhältnis Lehrer-Schüler, wenn sich der Lehrer nicht als perfekter Alleskönner präsentiert, sondern als menschliches Wesen, in dessen Natur es liegt, eben *nicht* alles zu wissen und auch Fehler zu machen. Nobody is perfect. Wichtig ist allerdings, dass man zumindest weiß oder lernt, wo und wie man sich schlaumachen kann. Das Nachschlagen und Überprüfen eines schwierigen Falls kann dann durchaus zusammen mit den Schülern erfolgen. Auf diese Weise lernen alle etwas dazu.

Jede Regel wird, sofern es sinnvoll und möglich ist, über eine **Problemstellung** eingeführt. Mithilfe von gezielten Fragen soll der Schüler vorzugsweise *selbst* auf die Lösung des Problems kommen und sich den Regel-Merksatz erarbeiten. Hier ist es für den weiteren Verlauf des Lernens wichtig, dass die betreuende Person prüft, ob der Schüler das Grundlegende der Themeneinführung verstanden hat und weiß, worum es bei der jeweiligen Fördersequenz gehen wird.

Die weiteren Arbeitsblätter sind zum **selbstständigen oder aber auch zum gemeinsamen Anwenden** und Vertiefen des Rechtschreibprinzips gedacht. Ob ein Schüler in weiten Teilen allein üben und daraus auch den größtmöglichen Nutzen ziehen kann, muss dem Gespür der betreuenden Person überlassen bleiben. Natürlich ist bei älteren Schülern ein selbstständiges Arbeiten anzustreben, allerdings muss stets darauf geachtet werden, ob die Arbeitsanweisung verstanden wurde und ob das, was bereits als gefestigt vorausgesetzt ist, wirklich im Einzelfall unterstellt werden kann. Erfahrungsgemäß hilft es Schülern mit größeren Problemen wenig bis nichts, wenn sie auch im Förderunterricht auf sich allein gestellt sind und keiner nachprüft, welche individuellen Fortschritte sie machen oder an welcher Stelle man ihnen gezielt unter die Arme greifen müsste.
Manche Übungen gibt es in **drei verschiedenen Schwierigkeitsstufen**. Sie sind gekennzeichnet durch die ausgefüllten Rauten in den oberen Ecken der Übungsseiten und unterscheiden sich meist in der Aufgabenlänge und der Anzahl der Übungswörter.

Bitte beachten Sie auch, dass die *Fördersequenzen* als ***Grundgerüst*** zu verstehen sind, das die notwendigen Bestandteile eines in unserem Sinne idealtypischen Curriculums durchläuft, das aber von Ihnen beliebig erweitert oder verkürzt werden kann, je nachdem, wie rasch ein Schüler einen Bereich beherrscht. Der eine versteht es schneller, der andere braucht etwas länger – die Menschen sind einfach unterschiedlich. Es sollte aber jeder die Möglichkeit erhalten, eine in unserer Gesellschaft derart wichtige Kulturtechnik wie das Schreiben so zu erlernen, dass er im alltäglichen Leben gut zurechtkommt und den von ihm angestrebten Beruf gemäß seiner sonstigen Begabungen ergreifen kann. In vielen Fällen bedeutet das, dass den Lernenden mehr Zeit eingeräumt werden muss – eigentlich eine Selbstverständlichkeit, die zu einer „individuellen" Förderung dazugehört.
Wenn Sie also zusätzliche Übungen anbieten müssen, kann das in Form von Wortdiktaten geschehen oder durch die Wiederholung von Übungseinheiten mit anderem Wortmaterial. Sie können natürlich auch die in der Sequenz vorkommenden Wortbeispiele in andere Übungsformen kleiden. Oftmals werden in den

Sequenzen Spiele oder Wettbewerbe beschrieben, die so lange wiederholt werden können, bis ein Thema wirklich sitzt.

Sinnvoll ist es auf alle Fälle, nach dem Abschlusstest am Ende jeder Sequenz **freie Texte** oder **Aufsätze** verfassen zu lassen, um überprüfen zu können, ob das Gelernte auch in komplexeren Schreibsituationen sicher angewendet werden kann.

Ganz allgemein gilt: Lieber weniger an einem Tag üben, dafür aber mit Sinn und Verstand! Bitte gehen Sie dergestalt auf den Schüler ein, dass er die Arbeitsblätter nicht möglichst schnell „abhakt", sondern dass er ein Thema mit der **höchstmöglichen Aufmerksamkeit** angeht und somit auch eine größere Chance hat, es kognitiv und nachhaltig zu durchdringen. Honorieren Sie schon die Bemühungen, sich ernsthaft mit einem Sachverhalt auseinanderzusetzen, auch wenn die Aufgabe nicht fehlerfrei gelingt.
Bewährt hat es sich, die Schüler dazu anzuhalten, die erarbeiteten Blätter in einem Ordner abzuheften und als Dokumentation ihres Lernfortschritts wertzuschätzen.

Übungsformen

Wir haben uns bemüht, auch für die älteren Schüler abwechslungsreiche Übungsformen anzubieten (Lückentexte, Rätsel, Partnerarbeit, Quiz, Diktate usw.). Die Form sollte aber dabei nicht gegen den Inhalt ausgespielt werden, d.h. dass es für manche Themen nicht viele sinnvolle Übungsgestaltungen gibt.

Lückenwörter und **Lückentexte** stellen deshalb den Hauptanteil dar. Sie sind für den Einstieg in ein Thema eine sinnvolle Arbeitsform, weil der Schüler seine Aufmerksamkeit nur auf ein bestimmtes Phänomen fokussieren muss, z.B. auf die Entscheidung „äu oder eu". Es wird ihm also erspart, noch zusätzlich darauf zu achten, ob etwa ein gedoppelter Konsonant oder eher ein Dehnungszeichen richtig wäre. Schüler mit größeren Problemen können dies als sehr entlastend empfinden.
Praktisch sind Lücken auch deswegen, weil sie ein selbstständiges Arbeiten gewährleisten: Es kann ganz gezielt ein bestimmtes Rechtschreibphänomen abgefragt werden, ohne dass eine weitere Person anwesend sein und diktieren müsste. Vor allem in einer Fördergruppe, in der die Lehrkraft oft Schüler auf unterschiedlichem Niveau zu betreuen hat, ist das laute Diktieren nicht immer zweckmäßig.
Wenn Sie es für sinnvoll erachten, können Sie die Lückenwörter aber am Ende der Übung natürlich zusätzlich ins Heft schreiben lassen.

Die Übung „**Wortverwandte suchen**" ist sehr häufig vertreten. Erstens werden dadurch die Zusammenhänge zwischen den Wörtern einer Familie sichtbar, was viele Aha-Erlebnisse auslöst und die Schreibung erleichtert (fahren-Gefährt-Fuhre; Bauch-bäuchlings). Und zweitens wird der Sprachschatz auf eine nicht zu unterschätzende Weise erweitert – angesichts der zahlreichen Kürzel und des recht eigenwilligen Sprachcodes, der den mündlichen wie schriftlichen Umgang von Jugendlichen häufig bestimmt, eine nicht nur für Schüler mit anderer Muttersprache dringend gebotene Aufgabe.

Die Form des **Rätsels** dient der Auflockerung und ermöglicht ebenfalls das Schreiben eines ganzen Wortes, ohne dass diktiert werden müsste. Vorausgesetzt natürlich, das Rätsel selbst wird gelöst. Manche Schüler jedoch werden durch die Verdopplung der Aufgabenstellung überfordert – entweder bleibt die richtige Lösung des Rätsels auf der Strecke oder die angestrebte „Recht"schreibung. Aus diesen Gründen hält sich diese Übungsform in Grenzen.

Schreib- oder sonstige **Spiele** kommen vor, allerdings nicht allzu häufig, da die vorliegenden Sequenzen für ältere Schüler gedacht sind, die sich von dieser Übungsform oft nicht mehr angesprochen fühlen.

Diktate sind letztlich unerlässlich, sollten aber nicht als Bewertungsinstrument im selektiven Sinn genutzt werden, sondern als Möglichkeit, das Gelernte in verschiedenen Schwierigkeitsstufen *informell* zu testen.

Umgang mit Fehlern

Fehler sind nicht einfach nur „falsch", sondern in jedem von ihnen steckt eine Denkleistung – auch wenn das Ergebnis nicht der Norm entspricht. Wer inkorrekte Schreibungen „lesen" kann, dem erzählen sie, wo der Denkfehler des Schreibers steckt, welche Strategie er verkehrt angewandt hat oder welche Wissenslücke noch nicht geschlossen werden konnte.

Was nützt es also, Fehler nur rot anzustreichen, zu zählen und daraus eine Note zu basteln, wo doch genau hier eine so offensichtliche Möglichkeit schlummert, dem Schreiber sinnvoll zu helfen? Wäre es nicht besser, die Fehler als Anstoß dafür zu nehmen, den Sachverhalt, um den es dabei geht, noch einmal intensiv zu besprechen? Fragen wie: „Warum ist es nicht ganz richtig, was du hier geschrieben hast? Mit welcher Schwierigkeit haben wir es bei diesem Wort zu tun? Welche Regel kann helfen? Handelt es sich um ein Wort, das mit der Regel erklärt werden kann, oder um ein Merkwort?“ bringen den Schüler dazu, über seine Schreibung nachzudenken, die Regel zu memorieren und sich in vielen Fällen selbst zu korrigieren. Genau das schafft aber den Ansporn, sich mit einem Thema zu beschäftigen und sich nicht lieber der ganzen Anstrengung zu entziehen, weil im Heft mal wieder alles rot ist und die schlechte Note als abstrakte Quintessenz der vorangegangenen Bemühungen anklagend im Raum steht.
Damit ein Schüler also wirklich aus seinen Fehlern lernen kann, muss der Lehrende sie inhaltlich ernst nehmen und als Ausgangspunkt für ein sachliches Gespräch nehmen. Auf diese Weise wird ein Fehler selbst in der Gruppe nicht als Peinlichkeit, Makel oder Stigma empfunden, sondern kann als der geltenden Norm nicht angemessene „Regelvariante“ leidenschaftslos betrachtet und von der ganzen Runde nach bestem Wissen analysiert werden.

Der Anspruch des Lehrenden

Vor allem bei der Arbeit mit Schülern, die große Schwierigkeiten in der Rechtschreibung haben, ist es wichtig, dass man den eigenen Anspruch auf Perfektion etwas herunterschraubt. Es sollte nicht darum gehen, dass ein Schüler nach dem Bearbeiten der Materialien völlig fehlerfrei schreibt, sondern das Ziel sollte zunächst sein, dass er seine Fehler durch die gedankliche Auseinandersetzung mit einem Thema selbst erkennen und verbessern kann.
Einige Themen, wie z.B. Großschreibung, Dopplung und Dehnung, halten insbesondere für Schüler der höheren Klassen eine Menge Stolperfallen bereit. Selbst geübte Erwachsene können bei manchen Wörtern ins Straucheln kommen, so dass die Messlatte für die Lerner nicht allzu hoch hängen sollte. Seien Sie bitte in diesen Fällen nachsichtig, aber nicht nachlässig. ☺ Schließlich gibt es auch noch das Wörterbuch (Wörterbucharbeit muss im Unterricht geübt werden!), und es ist durchaus legitim, es zu benutzen, wenn man wirklich nicht weiterweiß.

Ähnlichkeitshemmung

Die *Fördersequenzen* sind zum großen Teil so aufgebaut, dass ein Prinzip erklärt und hinreichend geübt wird, bevor andere ähnliche Prinzipien dazukommen. Ziel einer Gegenüberstellung von Kontrasten ist hier die *Reflexion* über eine Schreibweise, also das *Provozieren kognitiver Entscheidungen*, z.B. „Ich schreibe ‚bäuchlings‘ mit ‚äu‘, weil es von ‚Bauch‘ mit ‚au‘ abgeleitet ist. Ich schreibe aber ‚Keule‘ mit ‚eu‘, weil es *keinen* Wortverwandten mit ‚au‘ gibt.“
In den Fällen, bei denen die Schreibung begründet werden kann, ist die Sorge hinsichtlich der Ähnlichkeitshemmung nicht berechtigt.
Anders wäre es natürlich, wenn es nur um das Einprägen und Erinnern von Wortbildern geht. Hier sind Kontrastpaare, die zum Auswendiglernen angeboten werden, nicht sinnvoll: „Merke ‚Stahl‘, aber ‚Wal‘. Merke ‚lieber‘, aber ‚Biber‘.“ Derartige Gegenüberstellungen sind in den gesamten Lernserver-Materialien nirgendwo zu finden.

Das Lesen des Leistungsprofils und Tipps für die anschließende Förderung

Wenn Sie die Lernserver-Diagnostik zu Hilfe genommen und nun das Leistungsprofil eines Schülers vor sich haben, dann beachten Sie bitte Folgendes:

- Finden sich noch viele Fehler im *Grundlegenden Bereich*, müssen erst die basalen Kenntnisse vermittelt werden, bevor mit den *Fördersequenzen* begonnen wird.
- Sind lediglich dem *Regelbereich* Falschschreibungen zugeordnet, können Sie aus den Überschriften der einzelnen Kategorien ersehen, welche Sequenzen für die Förderung in Betracht kommen.
- Bei nur *einem* Fehler in einer Kategorie, kann von einer Förderung in diesem Bereich abgesehen werden. Es sei denn, Sie merken im Laufe der Zeit, dass hier doch noch weitere Schwierigkeiten auftauchen.
- Bei *mehreren* Fehlern in einer Kategorie, z.B. bei der Großschreibung, nehmen Sie die dazugehörige Fördersequenz, lesen die Einführung und blättern die Übungen durch, damit Sie sich einen Überblick über das angebotene Material verschaffen können. Gerade bei der Großschreibung kommt es darauf

an, *welche* Fehler dem Schüler unterlaufen sind: Wenn es sich um Falschschreibungen bei gängigen Wörtern handelt, schadet es nichts, die Übungen von Anfang an durchzunehmen, da sie aufeinander aufbauen und ihr Schwierigkeitsniveau sich kontinuierlich steigert. Handelt es sich um Falschschreibungen bei Sonderfällen wie *mehrteiligen Eigennamen, geographischen Ableitungen auf -isch* oder *Zeitangaben*, kann schon das entsprechende Kapitel ausreichen, um Klarheit zu schaffen.
- Zwingend erforderlich ist bei Fehlern in den Bereichen *Dopplung*, *s-Laute*, *i-Laut* und *Dehnung*, dass als Erstes die Sequenz *Betonung* durchgearbeitet wird. Der Grund: Die Lernserver-Methodik fußt in großen Teilen auf der Klangqualität des betonten Vokals. Erhielte der Schüler nicht die Gelegenheit, das Betonungsprinzip kennenzulernen und damit zu üben, würde das ein erfolgreiches Bearbeiten der oben genannten Sequenzen unnötig erschweren bis unmöglich machen.

Überlegungen zur Reihenfolge der Sequenzen

Bei der *Reihenfolge* der zu behandelnden Themen empfehlen wir immer (vorausgesetzt, es wurden dort auch Fehler gemacht), mit der
- *Umlautableitung* zu beginnen. Dieses Kapitel ist relativ überschaubar, leicht zu begreifen und nicht allzu umfangreich. Gute Voraussetzungen dafür, erste, schnelle Erfolge zu erleben und die eventuell verlorengegangene Motivation wiederzuerlangen. Danach könnte mit der
- *Auslautableitung* fortgefahren werden, weil sie einem ähnlichen Prinzip unterworfen ist wie die Umlautableitung. Anschließend würden wir die
- *Betonung* vorschlagen, da sie die Voraussetzung für die weiteren Kapitel darstellt:
- *Dopplung*
- *s-Laute*
- *i-Laut*
- *Dehnung*, wobei die Dehnung eines der schwierigsten Kapitel der deutschen Orthographie ist! Es wäre also zu überlegen, ob bei mittleren bis großen Problemen in der
- *Großschreibung* dieses Kapitel nicht vorgezogen werden sollte. Bei der Großschreibung handelt es sich ja in weiten Teilen um Grammatik, so dass das Thema hinsichtlich der Methodik für etwas Abwechslung im Übungsalltag sorgen könnte. Entscheiden Sie für jeden Schüler individuell, wie weit Sie hier bei den Sonderfällen gehen wollen. Die Grundregel zur Großschreibung ist relativ einfach zu durchschauen und anzuwenden, bei den Sonderfällen wird es knifflig... Zum Schluss könnten die
- *Gleichklingenden Buchstaben* durchgenommen werden. Lesen Sie im Leistungsprofil nach, in welchem der beiden Teilbereiche Fehler vorkamen (v-f oder x-Laut oder beides) und bieten Sie die entsprechenden Übungen an.

Es versteht sich, dass die empfohlene Reihenfolge nur dann gilt, wenn auch in den aufgeführten Bereichen Fehler passiert sind. „Leere" Kategorien im Leistungsprofil müssen nicht geübt werden, es sei denn, Ihnen fällt im Laufe des Arbeitens mit dem Schüler auf, dass er doch bei dem einen oder anderen Rechtschreibprinzip Unsicherheiten zeigt.
Ebenso ist es selbstverständlich, dass Sie die Reihenfolge variieren können, wenn es Ihnen bei einem Schüler sinnvoll erscheint oder es einen anderen Grund gibt, ein bestimmtes Thema vorzuziehen. Absolut notwendig ist aber, wie schon mehrfach erwähnt, das *Vorschalten der Betonungssequenz*, wenn Sie Dopplung, s-Laute, Dehnung und i-Laut durchnehmen möchten.

Und nun wünschen wir Ihnen, Ihren Schülern und Kindern viel Freude und Erfolg!

Petra Schönweiss, Friedrich Schönweiss
und das Lernserver-Team

Übungen zur Betonung

Name:

Einführung: Text falsch betont vorlesen

Aufgabe:
1. Höre aufmerksam zu und unterstreiche die falsch betonten Wörter.
2. Schreibe diese Wörter auf die Zeilen unten.
3. Setze bei jedem Wort das Betonungszeichen ^ an die richtige Stelle.

Beispiel: *Modêrne Zeiten*

Moderne Zeiten
Vielleicht kennt der eine oder andere von euch den Film von Charlie Chaplin, der am 5. Februar 1936 zum ersten Mal aufgeführt wurde. Zwischen Stechuhr und Überwachungskamera sieht man den Protagonisten in der Fabrik schuften. Unaufhörlich schraubt er, tut immer denselben Handgriff. In der Mittagspause ist ein Ingenieur zur Stelle. Er präsentiert eine neue Maschine, die die Arbeiter füttern soll. Dadurch soll die Nahrungsaufnahme schneller erfolgen, so dass mehr Zeit für die Arbeit verbleibt. Natürlich geht alles schief, die Maschine spielt verrückt und bald ist alles Essen auf dem Versuchskaninchen, Charlie, verteilt. Unser Freund dreht durch und wird gefeuert.
Immerfort schraubend rennt er durch die Firma, rennt auf die Straße und kann nicht mehr aufhören, überall seine Schraubenschlüssel anzusetzen und zu drehen. Auch ein Hydrant muss darunter leiden. Schließlich gerät er in eine Demonstration von Arbeitern, wo er infolge eines Missverständnisses verhaftet wird. Im Gefängnis erlebt er ein weiteres Abenteuer und wird später wieder freigelassen. Doch was nun? Unser Held ist arbeitslos. Zum Glück findet er einen neuen Job als Nachtwächter im Kaufhaus und eine Freundin. Wer kennt nicht die Szene, wo die beiden nachts alleine im Kaufhaus Rollschuh fahren? Leider kostet ihn das wiederum den Job. Wie der Film weitergeht? Am besten schaust du selbst.

___

___

___

___

Name:

Betonten Vokal finden im Text

Aufgabe:

1. Lies diesen Text durch.
2. Markiere bei jedem unterstrichenen Wort den betonten Vokal mit ^.

Beispiel: *hûndert*

3. Wenn du damit fertig bist, beantworte folgende Fragen:
a.) Welche Laute können betont sein?
b.) Welche nicht?

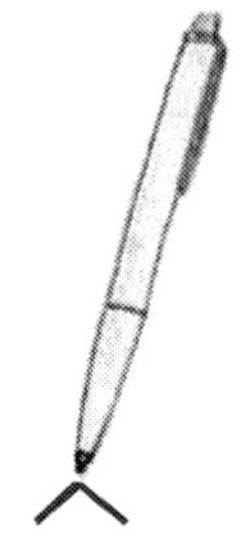

Eine neue Wirtschaftskrise

Charlie Chaplins Film „Moderne Zeiten“ spielt zur Zeit der Weltwirtschaftskrise 1929. Keine hundert Jahre später bricht eine neue Weltwirtschaftskrise herein. Sie beginnt 2007 mit einer Krise auf dem US-amerikanischen Immobilienmarkt. Viele Familien haben sich von den Banken Geld für den Bau ihrer Häuser geliehen. Sie sind nicht in der Lage, diese Kredite zurückzuzahlen. Aber die Banken haben schon mit dem verliehenen Geld und vor allem den Zinsen spekuliert. Insolvenz, das heißt Zahlungsunfähigkeit, ist die Folge. Mit den Krediten war weltweit gehandelt worden und jetzt weitet sich die Krise weltweit aus. Während der Rückgang der Wirtschaft in den USA so stark ist, wie seit dem Zweiten Weltkrieg nicht mehr, spüren Menschen in Deutschland, der Türkei, Italien, Japan und vielen anderen Ländern die Folgen. Unternehmen schreiben Verluste und fangen an zu sparen. Es werden keine Beschäftigten mehr eingestellt, viele werden entlassen. Alle diese Menschen sind nun ohne Einkommen und können sich nicht mehr viel leisten. Da die Wirtschaft auf Umsatz angewiesen ist, sprich darauf, dass immer viel gekauft wird, setzt sich eine Abwärtsspirale in Gang. Immer mehr Unternehmen nehmen immer weniger Geld ein, entlassen Beschäftigte und so weiter. Am schwersten werden diejenigen getroffen, die ohnehin nicht viel Geld haben. Ein Auskommen zu finden ist für sie kaum möglich.

Name:

Betonter Vokal und Rechtschreibung: Zusammenhänge erkennen (Seite 1)

Lies den Text aufmerksam durch.
Auf dem nächsten Blatt findest du weitere Arbeitsanweisungen.

Leben ohne Arbeit

Im Mai 2012 sind in Deutschland knapp drei Millionen Menschen ohne Arbeit. Sie sind auf finanzielle Unterstützung durch den Staat angewiesen, denn nur wer arbeitet, kann mit seinem Einkommen den Lebensunterhalt bestreiten. Manche behaupten, Arbeitslose seien bloß faul. Aber stimmt das? Die 374,-€, die man nach dem HARTZ IV-Gesetz erhält, reichen kaum. Abgesehen davon, dass die Ernährung oft darunter leidet, fehlt vielen selbst das Geld für Medikamente.
Viele betrachten Menschen ohne Arbeit mit Verachtung. Aber wer ist so behämmert, den Job zu kündigen oder erst gar keinen zu suchen? Die meisten stehen deshalb auf der Straße, weil sie entlassen wurden. Und wie viele junge Menschen gibt es, die sich nach Abschluss der Ausbildung vor Jobangeboten kaum retten können?

Viele wollen arbeiten und grübeln täglich über den Anzeigen in der Zeitung. Doch wer sucht, bekommt nicht automatisch eine Stelle. Die Arbeitsagenturen bieten Jobs an, um den Wiedereinstieg in die Beschäftigung zu ermöglichen. Wer aber eine Arbeitsgelegenheit verweigert, wird mit einem Verfahren bestraft, das die Kürzung des ohnehin knappen Geldes vorsieht.
Dazu kommt die ständige Kontrolle, unter der Arbeitslose stehen. Viele empfinden dies als Erniedrigung. Wer eine zu große Wohnung hat, muss diese verlassen. Arbeitslose genießen also keine Narrenfreiheit. Siehst du das ähnlich?

Name:

Betonter Vokal und Rechtschreibung: Zusammenhänge erkennen (Seite 2)

Arbeitsanweisung:

1. Sortiere die unterstrichenen Wörter in die richtigen Spalten.
(Manche Wörter musst du in *zwei* Spalten schreiben.)

2. Setze dann bei allen Wörtern in der Tabelle den Betonungsgipfel ^.

Wörter mit Dopplung, z.B. fa**ll**en, se**tz**en	Wörter mit Dehnungszeichen, z.B. fa**h**ren, ti**e**f	Wörter mit Umlaut, z.B. m**ö**gen
______________	______________	______________
______________	______________	______________
______________	______________	______________
______________	______________	______________
______________	______________	______________
______________	______________	______________
______________	______________	______________
______________	______________	______________
______________	______________	______________

3. Versuche jetzt die folgenden Fragen zu beantworten:

a) Wo im Wort finden sich doppelte Buchstaben oder Dehnungszeichen?

____

b) Wo finden sich Umlaute?

____

Name:

Finden des betonten Vokals (Üben)

1. Lies den Text.
2. Setze bei den unterstrichenen Wörtern das Zeichen für den Betonungsgipfel: ^

Endlich Nichtraucher

Es ist ziemlich einfach, mit dem Rauchen anzufangen. Leider ist es sehr viel schwieriger, wieder damit aufzuhören. Zum Glück gibt es gute Bücher, in denen Hilfestellungen angeboten werden. So zum Beispiel das Buch „Endlich Nichtraucher“ von Allen Carr.

Allen Carr ist selbst ein starker Raucher gewesen. Dann hat er es geschafft aufzuhören. In seinem Buch erklärt er, wie ihm das gelang. Zuerst gibt das Buch zahlreiche Informationen darüber, welche Gifte im Rauch einer Zigarette enthalten sind, wie viele Menschen eigentlich rauchen und was mit denen passiert. Anschließend kommt der praktische Teil: Viele Menschen versuchen, mittels der „Methode Willenskraft“ ihre Sucht zu besiegen. Sie leiden dann unter ihren Entzugserscheinungen und beneiden alle, die gemütlich weiterrauchen. Leichter geht es, wenn man beginnt, sich nach der letzten Zigarette direkt als Nichtraucher zu fühlen. Eigentlich hat man dabei nichts verloren, denn mal im Ernst: Was bringt einem das Rauchen für Vorteile? Eigentlich keine. Wer aufhört, kann sich freuen. Darüber, dass man gut riecht. Darüber, dass man richtig Luft bekommt und mehr Geld übrig hat. Die Raucher, die Raucher geblieben sind, haben eigentlich nur Mitleid verdient.

Wer aber die Nachteile des Rauchens gegen die vielen Vorteile des Nicht-Rauchens tauscht, braucht keine Hemmungen mehr zu haben, sofort das neue Leben zu genießen. Natürlich schafft es nicht jeder sofort, wenn er das Buch gelesen hat. Aber einen Versuch ist es allemal wert.

Name:

Finden des betonten Vokals (Üben)

1. Lies den Text.
2. Setze bei den unterstrichenen Wörtern das Zeichen für den Betonungsgipfel: ^

Endlich Nichtraucher

Es ist ziemlich einfach, mit dem Rauchen anzufangen. Leider ist es sehr viel schwieriger, wieder damit aufzuhören. Zum Glück gibt es gute Bücher, in denen Hilfestellungen angeboten werden. So zum Beispiel das Buch „Endlich Nichtraucher“ von Allen Carr.

Allen Carr ist selbst ein starker Raucher gewesen. Dann hat er es geschafft aufzuhören. In seinem Buch erklärt er, wie ihm das gelang. Zuerst gibt das Buch zahlreiche Informationen darüber, welche Gifte im Rauch einer Zigarette enthalten sind, wie viele Menschen eigentlich rauchen und was mit denen passiert, auch wenn sie darauf spekulieren, gesund zu bleiben.

Anschließend kommt der praktische Teil: Viele Menschen versuchen, mittels der „Methode Willenskraft“ ihre Sucht zu besiegen. Sie leiden dann unter ihren Entzugserscheinungen und beneiden alle, die gemütlich weiterrauchen. Leichter geht es, wenn man beginnt, sich nach der letzten Zigarette direkt als Nichtraucher zu fühlen. Eigentlich hat man dabei nichts verloren, denn mal im Ernst: Was bringt einem das Rauchen für Vorteile? Eigentlich keine. Wer auf die Warnungen reagiert und aufhört, kann sich freuen. Darüber, dass man gut riecht. Darüber, dass man richtig Luft bekommt und mehr Geld übrig hat. Die Raucher, die Raucher geblieben sind, haben eigentlich nur Mitleid verdient.

Wer aber die Nachteile des Rauchens gegen die vielen Vorteile des Nicht-Rauchens tauscht, braucht keine Hemmungen mehr zu haben, sofort das neue Leben zu genießen. Natürlich schafft es nicht jeder sofort, wenn er das Buch gelesen hat. Aber einen Versuch ist es allemal wert.

Name:

Finden des betonten Vokals (Üben)

1. Lies den Text.
2. Setze bei den unterstrichenen Wörtern das Zeichen für den Betonungsgipfel: ^

Endlich Nichtraucher

Es ist ziemlich einfach, mit dem Rauchen anzufangen. Leider ist es sehr viel schwieriger, wieder damit aufzuhören. Zum Glück gibt es gute Bücher, in denen Hilfestellungen angeboten werden. So zum Beispiel das Buch „Endlich Nichtraucher" von Allen Carr.

Allen Carr ist selbst ein starker Raucher gewesen. Dann hat er es geschafft aufzuhören. In seinem Buch erklärt er, wie ihm das gelang. Zuerst gibt das Buch zahlreiche Informationen darüber, welche Gifte im Rauch einer Zigarette enthalten sind, wie viele Menschen eigentlich rauchen und welche Gebrechen bei ihnen diagnostiziert werden, auch wenn sie darauf spekulieren, gesund zu bleiben. Anschließend kommt der praktische Teil: Viele Menschen versuchen, mittels der „Methode Willenskraft" ihre Sucht zu besiegen. Sie leiden dann unter ihren Entzugserscheinungen und beneiden alle, die gemütlich und kontinuierlich weiterrauchen. Leichter geht es, wenn man beginnt, sich nach der letzten Zigarette direkt als Nichtraucher zu fühlen. Eigentlich hat man dabei nichts verloren, denn mal im Ernst: Was bringt einem das Rauchen für Vorteile? Eigentlich keine. Wer auf die Warnungen reagiert und aufhört, kann sich freuen. Darüber, dass man gut riecht. Darüber, dass man richtig Luft bekommt und mehr Geld übrig hat. Die Raucher, die Raucher geblieben sind, haben eigentlich nur Mitleid verdient.

Wer aber die Nachteile des Rauchens gegen die vielen Vorteile des Nicht-Rauchens tauscht, braucht keine Hemmungen mehr zu haben, sofort das neue Leben zu genießen. Natürlich schafft es nicht jeder sofort, wenn er das Buch gelesen hat. Aber einen Versuch ist es allemal wert.

Name:

Finden des betonten Vokals (Vertiefen; Seite 1)

Vulkanausbruch

Buchstabiere mal Eyjafjallajökull. So heißt der feuerspeiende Berg in Island, der im 19. Jahrhundert, nämlich 1832, aktiv war. 2010 gab er ein Revival. Die Aschewolken legten den Flugverkehr lahm. Glück für die Europäer des frühen 19. Jahrhunderts: Die hatten noch keine Flugzeuge.

Auftrag für zwei Partner:

- **Schneidet die Wortbrocken auf dieser Seite aus.**
- **Verteilt die Zettel unter euch: 14 für jeden.**
- **Dann liest der eine Partner seine Wörter vor.**
- **Der andere schreibt sie auf die Linien auf der nächsten Seite.**
- **Über jedes Wort setzt er an der richtigen Stelle den Betonungsgipfel mit dem Vulkanzeichen ^.**
- **Nach 14 Wörtern tauscht ihr die Rollen.**
- **Prüft, ob die Wörter korrekt geschrieben und die Betonungszeichen an der richtigen Stelle sind.**

Feuer	Verkehr	Lava	Flamme
Vulkan	Europa	Island	Gletscher
Temperatur	Planet	Berge	Wolke
speien	Donner	Siedlung	Landschaft
Risiko	Absturz	Gewitter	Katastrophe
Rettung	Alarm	Dunkelheit	Regen
Hitze	Gestein	schmelzen	zerstören

Name:

Finden des betonten Vokals (Vertiefen; Seite 2)

Erster Schreiber:

Zweiter Schreiber:

Name:

Finden des betonten Vokals (Vertiefen; Seite 1)

Vulkanausbruch

Buchstabiere mal Eyjafjallajökull. So heißt der feuerspeiende Berg in Island, der im 19. Jahrhundert, nämlich 1832, aktiv war. 2010 gab er ein Revival. Die Aschewolken legten den Flugverkehr lahm. Glück für die Europäer des frühen 19. Jahrhunderts: Die hatten noch keine Flugzeuge.

Auftrag für zwei Partner:

- **Schneidet die Wortbrocken auf dieser Seite aus.**
- **Verteilt die Zettel unter euch: 14 für jeden.**
- **Dann liest der eine Partner seine Wörter vor.**
- **Der andere schreibt sie auf die Linien auf der nächsten Seite.**
- **Über jedes Wort setzt er an der richtigen Stelle den Betonungsgipfel mit dem Vulkanzeichen ^.**
- **Nach 14 Wörtern tauscht ihr die Rollen.**
- **Prüft, ob die Wörter korrekt geschrieben und die Betonungszeichen an der richtigen Stelle sind.**

Vulkan	Forscher	Ursache	Lava
Wissenschaft	Europa	Island	Gletscher
Explosion	Planet	Kegel	Element
Quelle	Kontinent	aktiv	Vorhersage
Ausbruch	Beobachtung	Risiko	Gewitter
Methode	Katastrophe	Erfassung	Signal
Temperatur	Magnet	Anzeichen	Erklärung

Name:

Finden des betonten Vokals (Vertiefen; Seite 2)

Erster Schreiber:

Zweiter Schreiber:

Name:

Finden des betonten Vokals (Vertiefen, Seite 1)

Vulkanausbruch

Buchstabiere mal Eyjafjallajökull. So heißt der feuerspeiende Berg in Island, der im 19. Jahrhundert, nämlich 1832, aktiv war. 2010 gab er ein Revival. Die Aschewolken legten den Flugverkehr lahm. Glück für die Europäer des frühen 19. Jahrhunderts: Die hatten noch keine Flugzeuge.

Auftrag für zwei Partner:

- **Schneidet die Wortbrocken auf dieser Seite aus.**
- **Verteilt die Zettel unter euch: 14 für jeden.**
- **Dann liest der eine Partner seine Wörter vor.**
- **Der andere schreibt sie auf die Linien auf der nächsten Seite.**
- **Über jedes Wort setzt er an der richtigen Stelle den Betonungsgipfel mit dem Vulkanzeichen ^.**
- **Nach 14 Wörtern tauscht ihr die Rollen.**
- **Prüft, ob die Wörter korrekt geschrieben und die Betonungszeichen an der richtigen Stelle sind.**

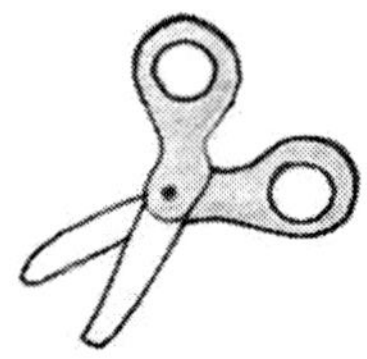

Forscher	Wissenschaft	Lava	Ursache
Eruption	Europa	Island	Gletscher
Explosion	Observatorium	Kegel	Element
Erfassung	Kontinent	Aktivität	Vorhersage
ausbrechen	Beobachtung	Risiko	Gewitter
Methode	Katastrophe	Geologe	Signal
Temperatur	Magnet	Anzeichen	Chaos

Name:

Finden des betonten Vokals (Vertiefen, Seite 2)

Erster Schreiber:

Zweiter Schreiber:

Name:

Betonte Vorsilben (Seite 1)

Ein eigenes Zuhause

Hast du schon einmal darüber nachgedacht, auszuziehen und dir ein eigenes Zuhause zu suchen? Auch wenn die meisten diesen Schritt erst später gehen, leben manche 16- oder 17-Jährige schon nicht mehr bei ihren Eltern. Mit einer Erlaubnis der Erziehungsberechtigten geht das. Ein Auszug kann viele Vorteile bringen: Du hast deinen eigenen Raum, für den du verantwortlich bist. Du kannst selbst entscheiden, wann du nach Hause gehen, essen oder dich schlafen legen möchtest. So lernen viele schon in jungen Jahren, eigenständig und selbstverantwortlich zu leben.

Aber das bedeutet auch, neue Verpflichtungen einzugehen: Du musst zum Beispiel deine Miete bezahlen. Unterhalt von den Eltern wird dir das ermöglichen. Wenn du in einer Wohngemeinschaft lebst, was kostengünstiger ist, wirst du auf deine Mitbewohner Rücksicht nehmen müssen. Und wenn du in deinen eigenen vier Wänden wilde Partys feierst, droht zwar kein Ärger mit den Eltern, dafür aber eine Abmahnung durch den Vermieter.

Aufgabe 1:

Hier findest du Verben rund um das Thema „Umzug in ein eigenes Zuhause“.
Die Verben haben Vorsilben. Manche dieser Vorsilben tragen den *betonten* Vokal.

a) Trenne die Vorsilben wie im Beispiel ab.

b) Setze für das Restwort den Betonungsgipfel ^ .

abtrennen	ab-trennen	trênnen
gefallen		
umschauen		
verschnüren		
ankommen		
bewerben		
anpumpen		
ausziehen		
bezahlen		
nachsenden		

Name:

Betonte Vorsilben (Seite 2)

Aufgabe 2:

a) Stelle bei jedem unterstrichenen Wort fest, ob seine Vorsilbe betont ist.
b) Suche *nur* von den Wörtern mit *betonter* Vorsilbe die *Grundform des Verbs*.
c) Trenne dann die Vorsilbe ab.
d) Trage rechts das Restwort ein und setze den Betonungsgipfel wie im Beispiel.

Auch hier werden Vorsilben abgetrennt. — trênnen

Der Vermieter erwartet eine Bürgschaft der Eltern. ___________

Dafür brauchst du deren Zustimmung. ___________

Deine Eltern sind verpflichtet, dir Unterhalt zu zahlen. ___________

Sie beginnen, ein großes Stück Verantwortung an dich abzugeben. ___________

Es ist aufwendig, umzuziehen. ___________

Zunächst geht es darum, eine Wohnung auszusuchen. ___________

Erst einmal werden viele angeschaut. ___________

Der Mietvertrag will sorgfältig abgewickelt sein. ___________

Hast du deinen neuen Wohnsitz schon bei der Stadt angemeldet? ___________

In einer neuen Wohngemeinschaft geht es zuerst
um die Verteilung der Zimmer. ___________

Im Haushalt haben alle mitzumachen. ___________

Hier kannst du dich auch nicht immer ungehindert ausleben. ___________

Die Hausordnung betrifft alle. ___________

Manchmal sind Beschwerden von den Nachbarn auch unangemessen. ___________

Möchtest du in deiner Wohnung keinen unerwarteten Besuch? ___________
Dann sage das deinen Eltern und Freunden.

Name:

Finden des betonten Vokals mittels Wortstamm (Üben)

Merkwürdige Dinge passieren...

Aufgabe 1: Lies dir die Kurzgeschichten durch.

Liebe
Sie liebte ihren Liebling, doch der Liebling war nicht in sie verliebt – so kann es gehen, bei der Liebe.

Nicht bedrohlich
Der bedrohliche Bankräuber sprach seine Drohung mit der Pistole in der Hand an einem heißen Sommertag, doch wurde ihm schwindelig, so sehr, dass er umzukippen drohte – da fühlte sich niemand mehr bedroht; der drohende Kreislaufkollaps beendete den Überfall.

Platter Dieb
Der diebische Diebstahl – er fand niemals statt, den Dieb, den machte die Hitze schon platt.

Stamm
Der stämmige Stammgast im Wirtshaus „Zum Stamm" behauptet: „Ich stamme aus Stammhausen!"

Aufgabe 2: Was fällt dir bei den unterstrichenen Wörtern auf?

____

Aufgabe 3: Unterstreiche hier den Teil der Wörter, der immer gleich bleibt. Schreibe dann den Wortstamm auf.

	Wortstamm
Liebe, Liebling, verliebt, sie liebte	lieb
Drohung, drohte, bedroht, bedrohlich, drohend	
Dieb, Diebstahl, diebisch	
stämmig, Stammgast, Stamm, stamme, Stammhausen	

Aufgabe 4: Was bedeutet der Wortstamm für die Betonung?

____

Name:

Finden des betonten Vokals mittels Wortstamm (Vertiefen)

Übe noch ein bisschen weiter:
- Unterstreiche den Teil der Wörter, der immer gleich bleibt.
- Schreibe dann den Wortstamm auf.

	Wortstamm
schnell, schneller, am schnellsten, Schnelligkeit	
Einsicht, Gesicht, Vorsicht, angesichts, zuversichtlich	
rufen, Anruf, Beruf, aufrufen, Rufnummer, du rufst	
rühren, gerührt, verrühren, du rührst, Rührung, Rührei	
rutschig, verrutscht, du rutschst, Rutsche, ausgerutscht	
anzünden, Zündholz, gezündet, du zündest	
verweint, weinen, du beweinst, weinerlich	
Tanz, tänzeln, tänzerisch, Tänzerin, getanzt, du tanzt	
lachen, du lachst, anlächeln, Gelächter, lächerlich	

Und jetzt andersherum:
- Suche möglichst viele Verwandte einer Wortfamilie.
- Unterstreiche bei allen Wörtern den Stamm.

hören: ______________________________

kaufen: ______________________________

frei: ______________________________

kurz: ______________________________

folgen: ______________________________

Hand: ______________________________

raten: ______________________________

Name:

Betonungsprinzip zur Erkennung von Fremdwörtern nutzen

Für die Schreibung
von ***Fremdwörtern*** gelten
oft besondere Regeln.
Aber wie kann man
Fremdwörter erkennen?
Achte auf die **Betonung**!

Aufgabe 1:
Lies die Wörter laut vor und markiere den betonten Vokal.

Deutsche Wörter:	Fremdwörter:
Note	Chemie
rennen	Zigarette
Kugel	Medikament
wickeln	Majestät
Vater	privat
wandern	Büro
rodeln	Fabrik
Fehler	Vibration
helfen	Politik
Leben	Klavier

Aufgabe 2:
Formuliere mit eigenen Worten eine Regel, wie man Fremdwörter erkennen kann. Vergleiche deine Regel mit der Lösung für diese Aufgabe. Präge dir den Merksatz ein.

____

Aufgabe 3:
Auch dies sind deutsche Wörter. Warum sind sie nicht in der ersten Silbe betont?

Verantwortung, zerbrechen, Entschuldigung

____

Name:

Schwierigkeiten beim Finden des betonten Vokals? (Deutsche Wörter)

Hast du Schwierigkeiten beim Finden des betonten Vokals?
Dann merke dir Folgendes für <u>deutsche</u> Wörter:

1. Bei einsilbigen Wörtern ist es sowieso einfach! Setze das Zeichen für die Betonung ^ :

Milch	gelb	Fass	Lehm

2. Bei zweisilbigen Wörtern ist immer der Vokal oder Zwielaut der <u>*ersten*</u> Silbe betont.

schwimmen	sauber	gucken	Kohle

3. Ausnahmen davon sind nur Wörter mit unbetonten Vorsilben. Du kannst die Vorsilbe abtrennen und erhältst dann in den meisten Fällen ein sinnvolles ein- oder zweisilbiges Grundwort, für das wieder Punkt 1 oder 2 gilt.

ver-rechnen	zer-stören	be-zahlen	er-halten

Aufgabe: Versuche jetzt noch einmal, den betonten Vokal zu finden.

warm	Hut	hell	Kuss
schminken	Fenster	Lampe	denken
wohnen	Zimmer	ewig	Liste
lügen	schmutzig	wünschen	Löffel
vertrocknen	bewerben	erfinden	gehören

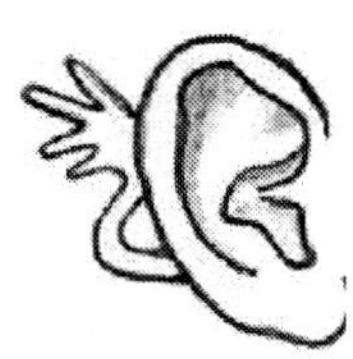

Name:

Schwierigkeiten beim Finden des betonten Vokals? (Fremdwörter1)

Jetzt geht es um Fremdwörter.
Fremdwörter können auch auf der zweiten oder einer weiteren Silbe betont sein.

1. **Bei diesen Fremdwörtern ist der Vokal in der *zweiten* Silbe betont. Lies die Wörter laut, damit du ein Gefühl für die Wortmelodie bekommst.**

egâl	Salât
Regâl	Spagât
zentrâl	Soldât
Fabrîk	Problêm
Musîk	extrêm
antîk	Ekzêm
Papîer	Humôr
Klavîer	Tresôr
Revîer	Tenôr

Maschîne – Pralîne
Signâl – Skandâl
Kusîne – Kantîne
spazîeren – regîeren
Vanîlle – Kamîlle – Pupîlle
charmânt – Krokânt
Tabêlle – Libêlle
konkrêt – Askêt
Moschêê – Allêê

2. **Ist beim unterstrichenen Wort der erste oder der zweite Vokal betont? Markiere.**

das schnelle Moped	der süße Sirup	die harte Matratze
der kurze Moment	die flüchtige Skizze	das anschauliche Symbol
der garstige November	das volle Stadion	das erste Kapitel
in der letzten Sekunde	das sinnvolle System	das hölzerne Kanu
der mobile Roboter	das leckere Konfekt	die mehlige Kartoffel
das genaue Datum	die durchsichtige Folie	das dicke Lexikon
der gesunde Salat	der sichere Instinkt	die bunte Girlande

Name:

Schwierigkeiten beim Finden des betonten Vokals? (Fremdwörter 2)

Bei diesen Fremdwörtern ist der Vokal in der dritten Silbe betont.

1. Lies die Wörter laut, damit du ein Gefühl für die Wortmelodie bekommst.

Appetît – Favorît – Satellît

tolerânt – Informânt – relevânt

Internât – Akrobât – Zölibât

Medizîn – Aspirîn – Kokaîn

Sympathîe – Industrîe – Melodîe

diskutîeren – randalîeren – musizîeren

Klarinêtte – Zigarêtte – Operêtte

Marmelâde – Limonâde – Schokolâde

Mandarîne – Clementîne – Vitamîne

2. Ist beim unterstrichenen Wort der erste, zweite oder dritte Vokal betont? Markiere mit ^.

der eifersüchtige Rivale	die unerschöpfliche Energie	das ärztliche Attest
die lustigen Kostüme	der teure Euro	die laute Sirene
der gewitzte Kommissar	die langweilige Konferenz	die rote Konfitüre
das wertvolle Instrument	das berühmte Orchester	der raue Asphalt
der dicke Atlas	die ägyptische Pyramide	das würzige Aroma
der tapfere Indianer	das schwierige Diktat	das leise Echo
in der zweiten Etage	der ausgefuchste Detektiv	das wilde Karussell
der ungeschliffene Diamant	die baufällige Baracke	die hippe Diskothek

Name:

Ermitteln des betonten Vokals bei Komposita (Seite 1)

In diesem Text findest du viele Komposita (ein Kompositum – viele Komposita). Das sind zusammengesetzte Wörter.
Sie können aus zwei Nomen bestehen (Bohnensuppe), aus einem Nomen und einem Adjektiv (sonnenklar) oder aus einem Verb und einem Nomen (Rennschnecke). Manche Komposita bestehen sogar aus drei oder mehr Teilen! Auch Komposita haben nur einen Betonungsgipfel.

Aufgabe 1: Lies den Text „Gewerkschaften" durch.

Gewerkschaften

Vielleicht hast du schon einmal im Fernsehen oder in den Radionachrichten von Tarifverhandlungen, Arbeitskämpfen, von Ver.di oder dem DGB gehört? Oder du hast schon eigene Erfahrungen in der Arbeitswelt, vielleicht in einem Supermarkt, gesammelt?
Was ist eigentlich eine Gewerkschaft? Eine Gewerkschaft ist ein Interessenverband für Arbeitnehmer. Gewerkschaften setzen sich für bessere Arbeitsbedingungen, höhere Arbeitslöhne, mehr Mitbestimmung, Arbeitszeitverkürzungen und teilweise auch Gesellschaftsveränderungen ein. Sie führen Arbeitskämpfe, indem sie mit dem Arbeitgeber verhandeln, und setzen Streiks und Boykottversuche als Druckmittel ein. Den Beschäftigten bieten sie Unterstützung an. Die meisten Gewerkschaften in Deutschland sind in einem Dachverband organisiert, dem Deutschen Gewerkschaftsbund (DGB). Gewerkschaften gibt es für alle Arbeitsbranchen, zum Beispiel Ver.di für den Dienstleistungssektor.
Gewerkschaften gab es nicht schon immer: Als im 18. Jahrhundert das Zeitalter der Industrialisierung begann, waren Kinderarbeit, Arbeitszeiten von bis zu 17 Arbeitsstunden täglich und schlechte Wohnverhältnisse an der Tagesordnung. Der Zusammenschluss zu Arbeitervereinigungen war in Deutschland bis 1860 untersagt.
Auch Arbeitgeber sind organisiert – in Arbeitgeberverbänden. Die setzen sich für Arbeitgeberinteressen ein, ganz im Gegensatz zu den Gewerkschaften. Oft werden Streikbrecher angeworben, die den Arbeitskampf der Beschäftigten unterwandern sollen. Manche Arbeiter werfen ihren Gewerkschaften eine zu enge Zusammenarbeit mit der Betriebsführung vor. In solchen Fällen sind die Lohnforderungen zu gering, die Einbindung der Betroffenen nicht hoch genug. Deswegen schließen sich manche Arbeiter kleineren Gewerkschaften an, von denen sie sich eine bessere Interessenvertretung erhoffen.

Name:

Ermitteln des betonten Vokals bei Komposita (Seite 2)

Da auch Komposita nur <u>einen</u> Betonungsgipfel haben, musst du sie in ihre einzelnen Bestandteile zerlegen und anschließend bei jedem Teil den betonten Vokal suchen. Ansonsten kannst du nicht die richtige Schreibung herausfinden.

Aufgabe 2:

- **Suche 11 Komposita aus dem Text aus,**
- **aber nur solche, in denen NICHT das Wort „Arbeit" vorkommt.**
- **Zerlege sie und markiere jeden Teil mit dem Betonungszeichen.**

Arbeite so:

Bohnensuppe	*die Bôhne*	*die Sûppe*

Name:

Automatisierung der bisher gelernten Regeln (Seite 1)

Aufgabe 1: Lies dir dieses Kochrezept durch.

Linsensuppe

Vielleicht hast du Lust, einmal selber etwas Leckeres zu kochen? Mit Freunden zusammen kann das jede Menge Spaß machen. Besonders dieses Gericht, denn es gibt viele schmackhafte Variationen. Du brauchst auf jeden Fall:
Eine Zwiebel, zwei Knoblauchzehen, einen Bund Suppengrün (besteht aus Möhre, Lauch und Sellerie), drei Esslöffel Olivenöl, eine Dose geschälte Tomaten, ein halbes Pfund (250 Gramm) Linsen (am besten welche, die man vor dem Kochen nicht einweichen muss, das steht auf der Packung), einen halben Liter Gemüsebrühe, die du aus anrührst, und drei Mettendchen (am leckersten sind die geräucherten, die gibt es an der Fleischtheke). Die Gewürze sind: Salz, Pfeffer, Thymian, zwei Lorbeerblätter und Zimt.

Wenn du alles hast, geht es los: Suppengrün sowie Zwiebel und Knoblauch kommen gewaschen, geschält und in kleine Stücke geschnitten in einen großen Topf – dazu gibst du das Öl. Zimt, Pfeffer und Thymian werden darüber gestreut, und das alles wird für fünf Minuten bei mittlerer Hitze geschmurgelt. Hmm, der Zimt fängt schon an zu duften.
Danach kommen die Tomaten ins Spiel: Sie werden dazu gekippt und alles köchelt bei immer noch mittlerer Hitze zwanzig Minuten lang.

Phase zwei: Der Auftritt der Linsen. Du gibst sie zusammen mit der angerührten Brühe in den Topf. Das Ganze kocht jetzt für weitere zwanzig Minuten. Aufgepasst: Die Linsen saugen die Flüssigkeit auf. Ist keine mehr da, brennt alles an. Also bei Bedarf noch mehr Brühe hineintun!

Wenn Fleisch zu deinen Vorlieben zählt, kommst du hier auf deine Kosten: Die Würstchen werden kleingeschnitten und mit dem Rest vermengt. Jetzt lässt du noch zehn Minuten verstreichen und nutzt sie für die Aufräumerei. Wenn die Linsen weich sind (Vorsicht beim Probieren: Die Sache ist massiv heiß!), schmeckst du alles mit Salz ab und mit allem, was sonst noch fehlt! Guten Appetit!

Hier sind die versprochenen Varianten:
Cayennepfeffer sorgt für die richtige Schärfe.
Auch Kartoffeln machen sich gut in dieser Suppe.
Ananas wäre ein Experiment. Sie ist fruchtig und macht die Suppe exotisch und frisch. Gemeinsam mit dem Zimt lädt sie zu einer Expedition in das Reich der Sinne ein. Du gibst sie mit den Mettendchen dazu. Übrigens: Vegetarier können die Mettendchen natürlich weglassen.

Name:

Automatisierung der bisher gelernten Regeln (Seite 2)

Aufgabe 2:

- **Untersuche alle unterstrichenen Wörter auf ihren Betonungsgipfel hin.**
- **Trage sie dazu in die Tabelle ein.**

Komposita		

Wörter mit betonten Vorsilben		

Betonung auf der ersten Silbe		

Betonung auf der zweiten Silbe		

Betonung auf der dritten Silbe		

Betonung auf der vierten Silbe

Betonung auf der fünften Silbe	

Aufgabe 3: Suche alle Wörter im Text, bei denen es sich mit Sicherheit um Fremdwörter handelt.

____

____

Name:

Informeller Abschlusstest (Seite 1)

Aufgabe 1: Lies den Text „Demokratie“ durch.

Demokratie

Wir leben in einer Demokratie. Aber woher kommt diese Herrschaftsform?
Die Vorstellung ist antik: Die erste Demokratie ist in Athen in Griechenland entstanden. Das war um 500 v. Chr., also vor mehr als 2.500 Jahren.
Demokratie bedeutet „Herrschaft des Volkes“. Was aber ist das Volk? Heute dürfen in der Bundesrepublik Deutschland alle volljährigen Staatsbürger wählen. Im antiken Griechenland hingegen bestand das Volk nur aus freien Männern, die Bürger waren und das zwanzigste Lebensjahr vollendet hatten. Damit waren Frauen, Sklaven und Ausländer ausgeschlossen. Man sieht, dass sich die Vorstellung von dem, was Demokratie ist, im Laufe der Zeit stark verändert hat.

Auch heute gibt es unterschiedliche Formen von Demokratie. In Deutschland haben wir eine repräsentative Demokratie. Das bedeutet, dass das Volk nicht in direktem Sinne herrscht, sondern Vertreter, Repräsentanten, wählt, die dann Gesetze erlassen. Sie bestimmen auch den Präsidenten. Manch einer bemängelt, dass er auf diese Weise keinen direkten Einfluss auf wichtige Entscheidungen hat: Die Abschaffung der Atomenergie, der Kriegseinsatz der Bundeswehr, Entscheidungen über Steuern und Arbeitslosengeld werden von Politikern und Parteien gefällt. Die sind nicht an ihre Wahlversprechen gebunden.
Manchmal kommt es zu Volksentscheiden. Wenn zum Beispiel in einer Stadt alle Bürger die Möglichkeit bekommen, über den Bau einer Musikhalle zu entscheiden, spricht man von einem Plebiszit. Wenn Entscheidungen immer von allen Wahlberechtigten getroffen werden, anstatt von gewählten Vertretern, ist das eine direkte Demokratie, auch Basisdemokratie genannt. In der Schweiz werden viele Entscheidungen durch Plebiszite gefällt.

Name:

Informeller Abschlusstest (Seite 2)

Aufgabe 2:

- Finde bei allen unterstrichenen Wörtern den betonten Vokal.
- Benütze dazu die Tabelle.

Komposita		

Wörter mit betonten Vorsilben		

Betonung auf der ersten Silbe		

Betonung auf der zweiten Silbe		

Betonung auf der dritten Silbe

Betonung auf der vierten Silbe	

Aufgabe 3:

- Schau Dir jetzt die Lösung an und vergleiche.
- Für jeden richtig gesetzten Betonungsgipfel gibt es einen Punkt.

24 Punkte:
Du bist ein Meister der Betonung! Prima, du hast alles verstanden.
20-23 Punkte:
Du hast das Betonungsprinzip grundsätzlich verstanden. Schaue dir noch einmal an, bei welchen Wörtern du Fehler gemacht hast. Wenn es Komposita oder Wörter mit Vorsilben waren, dann wiederhole die entsprechenden Übungen.
Weniger als 20 Punkte:
Da musst du noch einmal fleißig trainieren. Arbeite alle Übungen zur Betonung noch einmal durch. Lasse dir von einem Elternteil oder einem Lehrer dabei helfen.

Lösungen zur Betonung

Einführung: Text falsch betont vorlesen

Hinweis für den Lehrenden:
Achtung! Geben Sie das Arbeitsblatt **noch nicht** an die Schüler aus, sondern lesen Sie zuerst den Text mit falscher Betonung vor (die falsch betonten Wörter sind durch Fettschrift hervorgehoben; die richtige Betonung steht in Klammern dahinter).
Nach dem ersten Vorlesen verteilen Sie das Arbeitsblatt und lesen den Text ein zweites Mal falsch betont vor. Die Schüler unterstreichen die falsch betonten Wörter und schreiben sie anschließend mit dem Betonungszeichen ^ auf die Zeilen am Ende des Blattes.

Ziel:
Das Vorlesen mit falscher Betonung soll den Schülern vermitteln, dass die Melodie, der Rhythmus und die Betonung eines Wortes ein wichtiges Element der mündlichen Verständigung darstellt. Außerdem sollen sie darauf eingestimmt werden, den betonten Vokal eines Wortes erkennen zu lernen.

Problemerkennung:
Die Schüler erkennen, dass die falsche Betonung zu erheblichen Verständigungsschwierigkeiten führen kann.

Problemlösung:
Allein oder in Gruppen wird der betonte Vokal gesucht und markiert. Es sollte allen klar werden, dass die Betonung eines Wortes *immer* auf einem *Vokal* oder *Zwielaut* liegt, *nie* auf einem Konsonanten.

Môderne (Modêrne) Zeiten

Vielleicht kennt der eine oder andere von euch den Film von Charlie Chaplin, der am 5. Februar 1936 zum ersten Mal aufgeführt wurde. Zwischen Stechuhr und **Übêrwachungskamêra** (Überwâchungskamera) sieht man den Protagonisten in der **Fâbrik** (Fabrîk) schuften. Unaufhörlich schraubt er, tut immer denselben Handgriff. In der **Mittâgspausê** (Mîttagspause) ist ein Ingenieur zur Stelle. Er präsentiert eine neue **Mâschine** (Maschîne), die die Arbeiter füttern soll. Dadurch soll die **Nahrûngsaufnahmê** (Nâhrungsaufnahme) schneller erfolgen, so dass mehr Zeit für die Arbeit verbleibt. **Natürlîch** (natûrlich) geht alles schief, die **Mâschine** (Maschîne) spielt verrückt und bald ist alles Essen auf dem **Vêrsuchskaninchên** (Versûchskaninchen), Charlie, verteilt. Unser Freund dreht durch und wird gefeuert. Immerfort schraubend rennt er durch die Firma, rennt auf die Straße und kann nicht mehr aufhören, überall seine **Schraubênschlüssêl** (Schrâubenschlüssel) anzusetzen und zu drehen. Auch ein Hydrant muss darunter leiden. Schließlich gerät er in eine **Demônstration** (Demonstratiôn) von Arbeitern, wo er infolge eines **Missvêrständnîsses** (Mîssverständnisses) verhaftet wird. Im Gefängnis erlebt er ein weiteres **Abênteuer** (Âbenteuer) und wird später wieder freigelassen. Doch was nun? Unser Held ist arbeitslos. Zum Glück findet er einen neuen Job als Nachtwächter im Kaufhaus und eine Freundin. Wer kennt nicht die **Szenê** (Szêne), wo die beiden nachts alleine im Kaufhaus Rollschuh fahren? Leider kostet ihn das **wiedêrum** (wîederum) den Job. Wie der Film weitergeht? Am besten schaust du selbst.

Betonten Vokal finden im Text

Hinweise für den Lehrenden:
Grundlegendes zum betonten Vokal:
Da nur nach betonten Vokalen ein Doppelkonsonantenbuchstabe oder ein Dehnungszeichen wie „h“ vorkommen kann, stellt das Herausfinden des Betonungsgipfels eine sichere Strategie dar, sich auch unbekannte oder wieder vergessene Wörter selbst zu erschließen. Es ist eine Methode, die *zusätzlich* zum Einprägen des Wortbilds angewendet werden soll.
Es gilt:

- Jedes Wort hat einen, und *nur einen*, (Haupt-)Betonungsgipfel.
- Der Betonungsgipfel kann ein Vokal, Umlaut oder Diphthong (Zwielaut) sein, aber *niemals* ein Konsonant.
- Man spricht von einem *akzentuierten* Vokal. Er wird im Vergleich zu seiner lautlichen Umgebung *lauter*, *höher* und oft etwas *länger* gesprochen: Kâsse, Bêsen, Jûnge.
- In deutschen Wörtern und Lehnwörtern ist sehr häufig der Vokal der *ersten* Silbe betont. Beachte aber Wörter mit *un*betonten Vorsilben: versâlzen.
- In Fremdwörtern kann die Betonung auch in der zweiten, dritten oder einer weiteren Silbe liegen: Temperatûr.
- In zusammengesetzten Wörtern gibt es ebenfalls nur *einen* Betonungsgipfel.
- Nur ein betonter Vokal kann kurz *oder* lang gesprochen werden. Die *un*betonten Vokale können *nicht* gedehnt werden!

Ziel der Übung ist es, erstens das Finden des Betonungsgipfels zu üben und zweitens diejenigen Laute herauszufinden bzw. zu wiederholen, die den Betonungsgipfel tragen können.

Eine neue Wirtschaftskrise

Charlie Chaplins Film „Moderne Zeiten“ spielt zur Zeit der Weltwirtschaftskrise 1929. Keine hûndert Jâhre später bricht eine neue Weltwirtschaftskrise herein. Sie begînnt 2007 mit einer Krîse auf dem US-amerikanischen Immobilienmarkt. Viele Famîlien haben sich von den Bânken Geld für den Bau ihrer Hâûser geliehen. Sie sind nicht in der Lage, diese Kredîte zurückzuzahlen. Aber die Bânken haben schon mit dem verlîehenen Geld und vor allem den Zînsen spekuliert. Insolvenz, das heißt Zahlungsunfähigkeit, ist die Folge. Mit den Krediten war weltweit gehândelt worden und jetzt weitet sich die Krise weltweit aus. Während der Rückgang der Wîrtschaft in den USA so stark ist, wie seit dem Zweiten Weltkrieg nicht mehr, spûren Mênschen in Deutschland, der Türkei, Itâlien, Japan und vielen ânderen Ländern die Folgen. Unternêhmen schreiben Verlûste und fangen an zu spâren. Es werden keine Beschâftigten mehr êingestellt, viele werden entlâssen. Alle diese Menschen sind nun ohne Êinkommen und kônnen sich nicht mehr viel leisten. Da die Wirtschaft auf Ûmsatz ângewiesen ist, sprich darauf, dass immer viel gekauft wird, setzt sich eine Abwärtsspirale in Gang. Immer mehr Ûnternehmen nehmen immer weniger Geld ein, entlâssen Beschäftigte und so weiter. Am schwersten werden diejenigen getrôffen, die ohnehin nicht viel Geld haben. Ein Auskommen zu fînden ist für sie kaum môglich.

Antwort:
1.) Vokale (a, e, i, o, u), Umlaute (ä, ö, ü) und Zwielaute (ai, au, äu, ei, eu).
2.) Konsonanten (b, c, ch, h,...)

Betonter Vokal und Rechtschreibung: Zusammenhänge erkennen

Arbeitsanweisung:

1. Sortiere die unterstrichenen Wörter in die richtigen Spalten.
(Manche Wörter musst du in *zwei* Spalten schreiben.)
2. Setze dann bei allen Wörtern in der Tabelle den Betonungsgipfel ^.

Wörter mit Dopplung, z.B. fa**ll**en, se**tz**en	Wörter mit Dehnungszeichen, z.B. fa**h**ren, ti**e**f	Wörter mit Umlaut, z.B. m**ö**gen
finanziêlle	Ernâhrung	Unterstûtzung
Unterstûtzung	ôhne	Ernâhrung
Gesêtz	vîele	behâmmert
behâmmert	bîeten	kûndigen
entlâssen	Verfâhren	grûbeln
rêtten	Ernîedrigung	tâglich
wôllen	Wôhnung	ermôglichen
Stêlle	genîeßen	Kûrzung
Kontrôlle	âhnlich	âhnlich

3. Versuche jetzt die folgenden Fragen zu beantworten:

a) Wo im Wort finden sich doppelte Buchstaben oder Dehnungszeichen?

Antwort: Nach dem betonten Vokal.

b) Wo finden sich Umlaute?

Antwort: Der Umlaut ist der betonte Vokal.

Finden des betonten Vokals (Üben)

Hinweis für den Lehrenden:
Die meisten Menschen betonen bekannte Wörter intuitiv korrekt. Trotzdem fällt es einigen nicht leicht, sich der Betonung bewusst zu werden, da es generell nicht ganz einfach ist, sich explizit auf etwas zu konzentrieren, was man im normalen Gebrauch völlig richtig macht.
Dieses und die folgenden Arbeitsblätter sollen deshalb die Möglichkeit bieten, ausreichende Sicherheit im Finden des Betonungsgipfels zu erlangen.

Ein Trick bei größeren Schwierigkeiten:
Wenn das Wort *gerufen* wird, betont man automatisch den richtigen Vokal, hält ihn länger an und kann ihn deshalb leichter erkennen:
„Krokodihiiil, komm doch mal her!"

Achtung: Diese Methode eignet sich nur zum *Finden des Vokals*. Bei der Prüfung, ob dieser kurz oder lang klingt, wäre das Rufen schon wieder kontraproduktiv!

Endlich Nichtraucher

Es ist zîemlich einfach, mit dem Rauchen anzufangen. Leider ist es sehr viel schwîeriger, wieder damit aufzuhören. Zum Glück gibt es gute Bûcher, in denen Hilfestellungen angeboten werden. So zum Beispiel das Buch „Endlich Nichtraucher" von Allen Carr. Allen Carr ist selbst ein stârker Raucher gewesen. Dann hat er es geschâfft aufzuhören. In seinem Buch erklârt er, wie ihm das gelang. Zuerst gibt das Buch zahlreiche Informatiônen darüber, welche Gîfte im Rauch einer Zigarêtte enthalten sind, wie viele Menschen eigentlich rauchen und was mit denen passiert. Anschließend kommt der prâktische Teil: Viele Menschen versûchen, mittels der „Methode Willenskraft" ihre Sucht zu besiegen. Sie leiden dann unter ihren Entzugserscheinungen und beneiden alle, die gemûtlich weiterrauchen. Leichter geht es, wenn man begînnt, sich nach der lêtzten Zigarette direkt als Nichtraucher zu fühlen. Êîgentlich hat man dabei nichts verlôren, denn mal im Ernst: Was bringt einem das Rauchen für Vorteile? Eigentlich keine. Wer aufhört, kann sich freuen. Darüber, dass man gut riecht. Darüber, dass man rîchtig Luft bekommt und mehr Geld übrig hat. Die Raucher, die Raucher geblîeben sind, haben eigentlich nur Mitleid verdient.
Wer aber die Nachteile des Rauchens gegen die vielen Vorteile des Nicht-Rauchens tauscht, braucht keine Hêmmungen mehr zu haben, sofort das neue Lêben zu genießen. Natûrlich schafft es nicht jeder sofort, wenn er das Buch gelêsen hat. Aber einen Versûch ist es allemal wert.

Finden des betonten Vokals (Üben)

Hinweis für den Lehrenden:
Die meisten Menschen betonen bekannte Wörter intuitiv korrekt. Trotzdem fällt es einigen nicht leicht, sich der Betonung bewusst zu werden, da es generell nicht ganz einfach ist, sich explizit auf etwas zu konzentrieren, was man im normalen Gebrauch völlig richtig macht.
Dieses und die folgenden Arbeitsblätter sollen deshalb die Möglichkeit bieten, ausreichende Sicherheit im Finden des Betonungsgipfels zu erlangen.

Ein Trick bei größeren Schwierigkeiten:
Wenn das Wort *gerufen* wird, betont man automatisch den richtigen Vokal, hält ihn länger an und kann ihn deshalb leichter erkennen:
„Krokodihiiil, komm doch mal her!"

Achtung: Diese Methode eignet sich nur zum *Finden des Vokals*. Bei der Prüfung, ob dieser kurz oder lang klingt, wäre das Rufen schon wieder kontraproduktiv!

Endlich Nichtraucher

Es ist zîemlich einfach, mit dem Rauchen anzufangen. Leider ist es sehr viel schwîeriger, wieder damit aufzuhören. Zum Glück gibt es gute Bûcher, in denen Hilfestellungen angeboten werden. So zum Beispiel das Buch „Endlich Nichtraucher" von Allen Carr. Allen Carr ist selbst ein stârker Raucher gewesen. Dann hat er es geschâfft aufzuhören. In seinem Buch erklârt er, wie ihm das gelang. Zuerst gibt das Buch zahlreiche Informatiônen darüber, welche Gîfte im Rauch einer Zigarêtte enthalten sind, wie viele Menschen eigentlich rauchen und was mit denen passîert, auch wenn sie darauf spekulîeren, gesund zu bleiben. Anschließend kommt der prâktische Teil: Viele Menschen versûchen, mittels der „Methode Willenskraft" ihre Sucht zu besîegen. Sie leiden dann unter ihren Entzugserscheinungen und beneiden alle, die gemûtlich weiterrauchen. Leichter geht es, wenn man begînnt, sich nach der lêtzten Zigarette direkt als Nichtraucher zu fühlen. Êîgentlich hat man dabei nichts verlôren, denn mal im Ernst: Was bringt einem das Rauchen für Vôrteile? Eigentlich keine. Wer auf die Warnungen reagiert und aufhört, kann sich freuen. Darüber, dass man gut riecht. Darüber, dass man rîchtig Luft bekommt und mehr Geld übrig hat. Die Raucher, die Raucher geblîeben sind, haben eigentlich nur Mitleid verdient. Wer aber die Nachteile des Rauchens gegen die vielen Vorteile des Nicht-Rauchens tauscht, braucht keine Hêmmungen mehr zu haben, sofort das neue Lêben zu genießen. Natûrlich schafft es nicht jeder sofôrt, wenn er das Buch gelêsen hat. Aber einen Versûch ist es allemal wert.

Finden des betonten Vokals (Üben)

Hinweis für den Lehrenden:
Die meisten Menschen betonen bekannte Wörter intuitiv korrekt. Trotzdem fällt es einigen nicht leicht, sich der Betonung bewusst zu werden, da es generell nicht ganz einfach ist, sich explizit auf etwas zu konzentrieren, was man im normalen Gebrauch völlig richtig macht.
Dieses und die folgenden Arbeitsblätter sollen deshalb die Möglichkeit bieten, ausreichende Sicherheit im Finden des Betonungsgipfels zu erlangen.

Ein Trick bei größeren Schwierigkeiten:
Wenn das Wort *gerufen* wird, betont man automatisch den richtigen Vokal, hält ihn länger an und kann ihn deshalb leichter erkennen:
„Krokodihiiil, komm doch mal her!"

Achtung: Diese Methode eignet sich nur zum *Finden des Vokals*. Bei der Prüfung, ob dieser kurz oder lang klingt, wäre das Rufen schon wieder kontraproduktiv!

Endlich Nichtraucher

Es ist zîemlich einfach, mit dem Rauchen anzufangen. Leider ist es sehr viel schwîeriger, wieder damit aufzuhören. Zum Glück gibt es gute Bûcher, in denen Hilfestellungen angeboten werden. So zum Beispiel das Buch „Endlich Nichtraucher" von Allen Carr.
Allen Carr ist selbst ein stârker Raucher gewesen. Dann hat er es geschâfft aufzuhören. In seinem Buch erklärt er, wie ihm das gelang. Zuerst gibt das Buch zahlreiche Informationen darüber, welche Gîfte im Rauch einer Zigarêtte enthalten sind, wie viele Menschen eigentlich rauchen und welche Gebrechen bei ihnen diagnostizîert werden, auch wenn sie darauf spekulîeren, gesund zu bleiben. Anschließend kommt der prâktische Teil: Viele Menschen versûchen, mittels der „Methôde Willenskraft" ihre Sucht zu besîegen. Sie leiden dann unter ihren Entzugserscheinungen und beneiden alle, die gemûtlich und kontinuîerlich weiterrauchen. Leichter geht es, wenn man begînnt, sich nach der lêtzten Zigarette dirêkt als Nichtraucher zu fühlen. Êîgentlich hat man dabei nichts verlôren, denn mal im Ernst: Was bringt einem das Rauchen für Vôrteile? Eigentlich keine. Wer auf die Wârnungen reagiert und aufhört, kann sich freuen. Darüber, dass man gut riecht. Darüber, dass man rîchtig Luft bekommt und mehr Geld übrig hat. Die Raucher, die Raucher geblîeben sind, haben eigentlich nur Mitleid verdient.
Wer aber die Nachteile des Rauchens gegen die vielen Vorteile des Nicht-Rauchens tauscht, braucht keine Hêmmungen mehr zu haben, sofôrt das neue Lêben zu genießen. Natûrlich schafft es nicht jeder sofort, wenn er das Buch gelêsen hat. Aber einen Versûch ist es allemal wert.

Finden des betonten Vokals (Vertiefen)

Lösungen nach dem Alphabet geordnet:

Âbsturz
Alârm
Bêrge
Dônner
Dûnkelheit
Eurôpa
Fêûer
Flâmme
Gewîtter
Gestêîn
Glêtscher
Hîtze
Îsland
Katastrôphe
Lândschaft
Lâva
Planêt
Rêgen
Rêttung
Rîsiko
schmêlzen
Sîedlung
spêîen
Temperatûr
Verkêhr
Vulkân
Wôlke
zerstôren

Finden des betonten Vokals (Vertiefen)

Lösungen nach dem Alphabet geordnet:

aktîv
Ânzeichen
Âûsbruch
Beôbachtung
Elemênt
Erfâssung
Erklârung
Eurôpa
Explosiôn
Fôrscher
Gewîtter
Glêtscher
Îsland
Katastrôphe
Kêgel
Kontinênt
Lâva
Magnêt
Methôde
Planêt
Quêlle
Rîsiko
Signâl
Temperatûr
Ûrsache
Vorhêrsage
Vulkân
Wîssenschaft

Finden des betonten Vokals (Vertiefen)

Lösungen nach dem Alphabet geordnet:

Aktivitât
Ânzeichen
âûsbrechen
Beôbachtung
Châos
Elemênt
Erfâssung
Eruptiôn
Eurôpa
Explosiôn
Fôrscher
Geolôge
Gewîtter
Glêtscher
Îsland
Katastrôphe
Kêgel
Kontinênt
Lâva
Magnêt
Methôde
Observatôrium
Rîsiko
Signâl
Temperatûr
Ûrsache
Vorhêrsage
Wîssenschaft

Betonte Vorsilben 1

Hinweis für den Lehrenden:
Betonte Vor- und Nachsilben müssen als Ausnahmen betrachtet werden. Man trennt sie ab und sucht bei der Grundform des Restwortes den betonten Vokal, also den Stammvokal, von dem aus sich die weitere Schreibung bzgl. Dopplung und Dehnung erschließen lässt.

Wichtig für später:
In Vor- und Nachsilben wird weder gedoppelt noch gedehnt. Dieses Wissen stellt schon einmal eine große Sicherheit für die Schüler dar.
Ausnahmen von dieser Regel gelten nur in zwei Fällen der Dopplung:
- die Vorsilbe miss-
- der Plural der Nachsilben -in und -nis (Herrscherinnen, Hindernisse)

Lösung zu Aufgabe 1:
Trenne die Vorsilben wie im Beispiel ab.
Setze für das Restwort den Betonungsgipfel ^ .

gefallen	ge-fallen	fâllen
umschauen	um-schauen	schâûen
verschnüren	ver-schnüren	schnûren
ankommen	an-kommen	kômmen
bewerben	be-werben	wêrben
anpumpen	an-pumpen	pûmpen
ausziehen	aus-ziehen	zîehen
bezahlen	be-zahlen	zâhlen
nachsenden	nach-senden	sênden

Lösung zu Aufgabe 2:
a) Stelle bei jedem unterstrichenen Wort fest, ob seine Vorsilbe betont ist.
b) Suche *nur* von den Wörtern mit *betonter* Vorsilbe die *Grundform des Verbs*.
c) Trenne dann die Vorsilbe ab.
d) Trage rechts das Restwort ein und setze den Betonungsgipfel wie im Beispiel.

Der Vermieter erwartet eine Bürgschaft der Eltern.	(unbetont)
Dafür brauchst du deren Zustimmung.	**stîmmen**
Deine Eltern sind verpflichtet, dir Unterhalt zu zahlen.	**hâlten**
Sie beginnen, ein großes Stück Verantwortung an dich abzugeben.	**gêben**
Es ist aufwendig, umzuziehen.	**zîehen**
Zunächst geht es darum, eine Wohnung auszusuchen.	**sûchen**
Erst einmal werden viele angeschaut.	**schâûen**
Der Mietvertrag will sorgfältig abgewickelt sein.	**wîckeln**
Hast du deinen neuen Wohnsitz schon bei der Stadt angemeldet?	**mêlden**
In einer neuen Wohngemeinschaft geht es zuerst um die Verteilung der Zimmer.	(unbetont)
Im Haushalt haben alle mitzumachen.	**mâchen**
Hier kannst du dich auch nicht immer ungehindert ausleben.	**hîndern**
Die Hausordnung betrifft alle.	(unbetont)
Manchmal sind Beschwerden von den Nachbarn auch unangemessen.	**mêssen**
Möchtest du in deiner Wohnung keinen unerwarteten Besuch?	**wârten**
Dann sage das deinen Eltern und Freunden.	

Finden des betonten Vokals mittels Wortstamm (Üben)

Hinweis für den Lehrenden:
Falls größere Schwierigkeiten bestehen, den betonten Vokal herauszufinden, kann man sich zumindest bei deutschen Wörtern mit dem Wortstamm helfen. Normalerweise ist nämlich der betonte Vokal mit dem Stammvokal identisch, es sei denn, das Wort hat eine betonte Vorsilbe. In diesem Fall wurde aber bereits geübt, dass die Vorsilbe abgetrennt und das Restwort auf die Betonung hin untersucht werden muss.

Wird also der Stammvokal ohne Schwierigkeiten herausgefunden, kann auf das Suchen nach dem Betonungsgipfel zunächst verzichtet werden. Allerdings gilt das nur für deutsche Wörter. Bei Fremdwörtern funktioniert die Sache mit dem Stamm nicht, so dass bei ihnen doch wieder auf den Betonungsgipfel zurückgegriffen werden muss.

Falls der Begriff „Wortstamm“ noch nicht bekannt ist, kann folgende Erklärung gegeben werden:

Der „Wortstamm“ ist das, was übrigbleibt, wenn man alle Vorsilben und Endungen eines Wortes abtrennt. Der Stamm ist praktisch das Erkennungszeichen einer „Wortfamilie“. Aus dem Stamm können bei den meisten deutschen Wörtern viele „Verwandte“ gebildet werden. Alle Verwandten einer Wortfamilie haben also den gleichen Stamm.
Beispiel zum Wortstamm *sag*: versagen, gesagt, die *Sage*, der Ansager, sagenhaft

---

Lösungen:

Antwort zu Aufgabe 2: Was fällt dir bei den unterstrichenen Wörtern auf?
Ein Teil der Wörter bleibt immer gleich. Das ist der Wortstamm.

Antwort zu Aufgabe 3: Unterstreiche hier den Teil der Wörter, der immer gleich bleibt. Schreibe dann den Wortstamm auf.

Liebe, Liebling, verliebt, sie liebte	**lieb**
Drohung, drohte, bedroht, bedrohlich, drohend	**droh**
Dieb, Diebstahl, diebisch	**dieb**
stämmige, Stammgast, Stamm, stamme, Stammhausen	**stamm, stämm**

Antwort zu Aufgabe 4: Was bedeutet der Wortstamm für die Betonung?

Der Vokal (Selbstlaut) des Wortstamms ist gleichzeitig der betonte Vokal.

Finden des betonten Vokals mittels Wortstamm (Vertiefen)

Hinweis für den Lehrenden:
Das Herausschälen des Wortstamms soll *vertiefend* geübt werden. Das Arbeitsblatt ist also optional und muss nicht unbedingt von allen Schülern bearbeitet werden, sondern nur von jenen, die den Stamm noch nicht sicher erkennen können.
Allerdings sind die Themen „Wortstamm“ und „Wortverwandte“ nicht nur für die Betonung von Nutzen, sondern machen sprachliche und damit auch orthographische Zusammenhänge klar. Zudem tragen sie zur Erweiterung des Wortschatzes bei.

Übe noch ein bisschen weiter:
- Unterstreiche den Teil der Wörter, der immer gleich bleibt.
- Schreibe dann den Wortstamm auf.

schnell, schneller, am schnellsten, Schnelligkeit	schnell
Einsicht, Gesicht, Vorsicht, angesichts, zuversichtlich	sicht
rufen, Anruf, Beruf, aufrufen, Rufnummer, du rufst	ruf
rühren, gerührt, verrühren, du rührst, Rührung, Rührei	rühr
rutschig, verrutscht, du rutschst, Rutsche, ausgerutscht	rutsch
anzünden, Zündholz, gezündet, du zündest	zünd
verweint, weinen, du beweinst, weinerlich	wein
Tanz, tänzeln, tänzerisch, Tänzerin, getanzt, du tanzt	tanz, tänz
lachen, du lachst, anlächeln, Gelächter, lächerlich	lach, läch

Und jetzt andersherum:
- Suche möglichst viele Verwandte einer Wortfamilie.
- Unterstreiche bei allen Wörtern den Stamm.

Hier ein Teil der möglichen Lösungen:

hören:	zuhören, du hörst, aufhören, gehören, der Hörer, das Gehör, hörig, unerhört, der Zuhörer
kaufen:	verkaufen, du kaufst, ihr kauft, der Verkäufer, die Verkäuferin, der Kaufmann, unverkäuflich
frei:	befreien, die Freiheit, freiwillig, unfrei, zollfrei, befreiend, freiheitlich
kurz:	kürzer, am kürzesten, kurzatmig, kürzlich, Abkürzung, verkürzt, abkürzen
folgen:	verfolgen, der Verfolger, die Folge, die Folgerung, der Erfolg, folglich
Hand:	die Hände, der Händler, handeln, die Handlung, die Verhandlung, das Handtuch, handlich, behandeln, handgreiflich, die Vorhand (Tennis)
raten:	geraten, das Rathaus, der Ratschlag, das Rätsel, rätselhaft, die Beratung, erraten, der Verrat

Betonungsprinzip zur Erkennung von Fremdwörtern nutzen

Hinweis für den Lehrenden:
Viele Fremdwörter und Lehnwörter werden als solche gar nicht mehr wahrgenommen, weil sie schon seit langer Zeit ganz selbstverständlich zu unserem Wortschatz gehören, vgl.: Salat, Tomate, Regal, Papier.

Fremdwörter sind anders als deutsche Wörter aufgebaut, auch in Bezug auf den Wortstamm. Die Schreibung der meisten von ihnen kann aber trotzdem mithilfe des betonten Vokals herausgefunden werden. Insofern ist es wichtig, auch bei ihnen den Betonungsgipfel erkennen zu lernen.

Ein interessanter Nebeneffekt ist, dass man auch als Nichtlateiner viele Wörter als Fremdwörter identifizieren kann, wenn man auf die Betonung achtet: Sehr oft sind Fremdwörter nämlich in der zweiten, dritten oder vierten Silbe betont (Salât, Mandarîne, Temperatûr). Bei deutschen Wörtern aber trägt den Akzent *generell* die *erste* Silbe. (Ausnahmen: Wörter mit unbetonten Vorsilben, z.B. zerbrêchen.)

Es gilt also: Mehrsilbige Wörter mit betonten Vokalen in der zweiten oder einer weiteren Silbe sind *Fremd*wörter, sofern es sich nicht um Wörter mit unbetonten Vorsilben handelt.
Aber Achtung: Die Tatsache, dass die erste Silbe den Akzent trägt, ist kein sicherer Hinweis darauf, dass es sich um ein deutsches Wort handeln muss, da auch einige Fremdwörter in der ersten Silbe betont werden (Dâtum, Mônat usw.).

Aufgabe 1:
Lies die Wörter laut vor und markiere den betonten Vokal.

Deutsche Wörter:	Fremdwörter:
Nôte	Chemîe
rênnen	Zigarêtte
Kûgel	Medikamênt
wîckeln	Majestât
Vâter	privât
wândern	Bürô
rôdeln	Fabrîk
Fêhler	Vibratiôn
hêlfen	Politîk
Lêben	Klavîer

Aufgabe 2:
Formuliere mit eigenen Worten eine Regel, wie man Fremdwörter erkennen kann. Vergleiche deine Regel mit der Lösung für diese Aufgabe. Präge dir den Merksatz ein.

Merksatz:
Deutsche Grundwörter sind auf der *ersten* Silbe betont.
Ist ein Grundwort in der *zweiten* oder einer *weiteren* Silbe betont, dann ist es ein *Fremdwort*.

Aber Vorsicht: Auch Fremdwörter können in der *ersten* Silbe betont sein: *die Kûrve, das Dâtum*
Beachte deshalb: Nur dann, wenn im Grundwort *nicht* der *erste* Vokal betont ist, handelt es sich mit Sicherheit um ein Fremdwort.

Aufgabe 3:
Auch dies sind deutsche Wörter. Warum sind sie nicht in der ersten Silbe betont?

Verântwortung, zerbrêchen, Entschûldigung

Antwort: Diese Wörter haben eine unbetonte Vorsilbe! Der Merksatz gilt also nur für deutsche Grundwörter.

Schwierigkeiten beim Finden des betonten Vokals? (Deutsche Wörter)

Hinweis für den Lehrenden:
Diese vertiefenden Übungen sind für Schüler gedacht, die sehr große Probleme beim Finden des Betonungsgipfels haben. Da nur deutsche Wörter verwendet werden, bei denen regelhaft betont wird, kann die Übung auch ohne das Gespür für die Wortmelodie bearbeitet werden.

1. Bei einsilbigen Wörtern gibt es sowieso nur *einen* Vokal oder Zwielaut (Mut, Laub).
2. Bei zweisilbigen Wörtern ist immer der *erste* Vokal betont; der zweite liegt in der Reduktionssilbe und ist meistens der Schwa-Laut e.
3. Bei Wörtern mit unbetonten Vorsilben ist der zweite Vokal betont. Falls auch die unbetonten Vorsilben nicht als solche erkannt werden, trennt man einfach *alle* Vorsilben ab und sucht das Grundwort. Hier ist dann wieder regelhaft der *erste* Vokal betont.
   Achtung: Bei der Vorsilbe „ge“ ist es manchmal so, dass die mit ihr verbundenen Wortstämme ohne sie keinen Sinn ergeben, weil sie schon so alt sind, vgl. gesund, Geschichte, Getreide.

---

1. Bei einsilbigen Wörtern ist es sowieso einfach! Setze das Zeichen für die Betonung ^ :

Mîlch, gêlb, Fâss, Lêhm

2. Bei zweisilbigen Wörtern ist immer der Vokal oder Zwielaut der *ersten* Silbe betont.

schwîmmen, sâûber, gûcken, Kôhle

3. Ausnahmen sind davon nur Wörter mit unbetonten Vorsilben. Du kannst die Vorsilbe abtrennen und erhältst dann in den meisten Fällen ein sinnvolles ein- oder zweisilbiges Grundwort, für das wieder Punkt 1 oder 2 gilt.

verrêchnen, zerstôren, bezâhlen, erhâlten

Aufgabe: Versuche jetzt noch einmal, den betonten Vokal zu finden.

wârm, Hût, hêll, Kûss
schmînken, Fênster, Lâmpe, dênken
wôhnen, Zîmmer, êwig, Lîste
lûgen, schmûtzig, wûnschen, Lôffel
vertrôcknen, bewêrben, erfînden, gehôren

Schwierigkeiten beim Finden des betonten Vokals? (Fremdwörter 1)

Hinweis für den Lehrenden:
Diese vertiefenden Übungen sind für Schüler gedacht, die sehr große Probleme beim Finden des Betonungsgipfels haben.
Es geht nun um Fremdwörter, deren *zweite* Silbe betont ist. Wichtig ist, dass die Schüler wirklich laut lesen – entweder gemeinsam oder jeder für sich –, um die Wortmelodie zu erhören und ein Gespür für den betonten Wortteil zu bekommen.
Sicherlich ist es sinnvoll, wenn die Lehrkraft spätestens hier den rhythmisch unbegabteren Schülern unterstützend zur Seite steht, und das Sprechen „mitdirigiert“ oder die Betonung auf andere Weise visualisiert.

Beim zweiten Aufgabenteil muss zwischen der Betonung des ersten und zweiten Vokals im Wort unterschieden werden. Lautes Lesen der gesamten Wortgruppe erleichtert das Erhören der Betonung. Zur Not kann das unterstrichene Wort wieder „gerufen“ werden.

---

1. Ist beim unterstrichenen Wort der erste oder der zweite Vokal betont? Markiere.

das schnelle Môped	der süße Sîrup	die harte Matrâtze
der kurze Momênt	die flüchtige Skîzze	das anschauliche Symbôl
der garstige Novêmber	das volle Stâdion	das erste Kapîtel
in der letzten Sekûnde	das sinnvolle Systêm	das hölzerne Kânu
der mobile Rôboter	das leckere Konfêkt	die mehlige Kartôffel
das genaue Dâtum	die durchsichtige Fôlie	das dicke Lêxikon
der gesunde Salât	der sichere Instînkt	die bunte Girlânde

Schwierigkeiten beim Finden des betonten Vokals? (Fremdwörter 2)

Hinweis für den Lehrenden:
Auch diese vertiefenden Übungen sind für Schüler gedacht, die sehr große Probleme beim Finden des Betonungsgipfels haben.
Es werden Wörter mit der Betonung auf der *dritten* Silbe thematisiert. Die Schüler sollen die Wörter wieder *laut* lesen, um ihr Gespür für die Wortmelodie zu schulen.

Im zweiten Aufgabenteil muss zwischen der Betonung auf der ersten, zweiten oder dritten Silbe unterschieden werden, was schon einen sehr hohen Schwierigkeitsgrad bedeutet. Wörter, die auf der vierten oder einer weiteren Silbe betont sind, findet man nicht sehr häufig, und sie werden deshalb nicht extra thematisiert: Lokomotîve, Temperatûr, Intelligênz, manipulîeren, Elektrizitât, Organisatiôn u.Ä.

Wichtig: Unbekannte Fremdwörter sollten natürlich besprochen werden.

Als **zusätzliche Aufgabe** kann für jedes Fremdwort die deutsche Bedeutung gefunden und aufgeschrieben werden. Die Benutzung eines Fremdwörterlexikons ist erlaubt.
Dies könnte auch als Spiel bzw. Wettbewerb gestaltet werden: Welche Gruppe kennt die meisten Fremdwörter bzw. findet am schnellsten den deutschen Begriff?

---

1. Ist beim unterstrichenen Wort der erste, zweite oder dritte Vokal betont? Markiere.

der eifersüchtige Rivâle	die unerschöpfliche Energîe	das ärztliche Attêst
die lustigen Kostûme	der teure Êuro	die laute Sirêne
der gewitzte Kommissâr	die langweilige Konferênz	die rote Konfitûre
das wertvolle Instrumênt	das berühmte Orchêster	der raue Asphâlt
der dicke Âtlas	die ägyptische Pyramîde	das würzige Arôma
der tapfere Indiâner	das schwierige Diktât	das leise Êcho
in der zweiten Etâge	der ausgefuchste Detektîv	das wilde Karussêll
der ungeschliffene Diamânt	die baufällige Barâcke	die hippe Diskothêk

Ermitteln des betonten Vokals bei Komposita

Aufgabe 2:
- **Suche 11 Komposita aus dem Text aus,**
- **aber nur solche, in denen NICHT das Wort „Arbeit“ vorkommt.**
- **Zerlege sie und markiere jeden Teil mit dem Betonungszeichen.**

Fernsehen	→	fêrn, sêhen
Radionachricht	→	das Râdio, die Nâchricht
Tarifverhandlung	→	der Tarîf, die Verhândlung
Supermarkt	→	sûper, der Mârkt
Interessenverband	→	das Interêsse, der Verbând
Gesellschaftsveränderung	→	die Gesêllschaft, die Verânderung
Boykottversuch	→	der Boykôtt, der Versûch
Druckmittel	→	der Drûck, das Mîttel
Deutschland	→	dêûtsch, das Lând
Dachverband	→	das Dâch, der Verbând
Gewerkschaftsbund	→	die Gewêrkschaft, der Bûnd
Dienstleistungssektor	→	der Dîenst, die Lêîstung, der Sêktor
Jahrhundert	→	das Jâhr, hûndert
Zusammenschluss	→	zusâmmen, schlîeßen
Gegensatz	→	gêgen (Präposition), sêtzen
Streikbrecher	→	der Strêîk, brêchen
Zeitalter	→	die Zêît, das Âlter
Wohnverhältnis	→	wôhnen, das Verhâltnis
Tagesordnung	→	der Tâg, die Ôrdnung
Betriebsführung	→	der Betrîeb, die Fûhrung
Lohnforderungen	→	der Lôhn, die Fôrderung
Interessenvertretung	→	das Interêsse, die Vertrêtung

Automatisierung der bisher gelernten Regeln

Aufgabe 2:
- **Untersuche alle unterstrichenen Wörter auf ihren Betonungsgipfel hin!**
- **Trage sie dazu in die Tabelle ein.**

Komposita		
vîel, lêîcht	Knôblauch, Zêhe	Sûppen, grûn
Olîven, Ôl	Gemûse, Brûhe	

Wörter mit betonten Vorsilben		
ein - wêîchen	an - rûhren	Auf - trîtt
Vor - lîeben	weg - lâssen	

Betonung auf der ersten Silbe		
sêlber	Pfêffer	mîttlerer
Flûssigkeit	grôßen	Ânanas

Betonung auf der zweiten Silbe		
zusâmmen	Minûten	vermêngt
massîv	exôtisch	Kartôffeln

Betonung auf der dritten Silbe		
Appetît	Variânten	Vegetârier

Betonung auf der vierten Silbe
Experimênt

Betonung auf der fünften Silbe	
Variatiônen	Expicditiôn

Aufgabe 3: Suche alle Wörter im Text, bei denen es sich mit Sicherheit um Fremdwörter handelt.

Antwort (Diese Wörter sind nicht auf der ersten Silbe betont): Variatiônen, Olîve, Tomâte, Minûten, probîeren, massîv, Appetît, Variânten, Cayênne(Pfeffer), Kartôffeln, Experimênt, exôtisch, Expeditiôn, Vegetârier

Alle anderen Wörter, die *nicht* in der *ersten* Silbe betont sind, haben ihrem Ursprung nach unbetonte Vorsilben: Ge-mûse (von „Mus"), Be-dârf, ver-strêîchen

Informeller Abschlusstest

Aufgabe 2:
- Finde bei allen unterstrichenen Wörtern den betonten Vokal.
- Benütze dazu die Tabelle.

Komposita		
Hêrrschaft, Fôrm	Bûnd, Republîk	vôll, jâhrigen
Atôm, Energîe	Wâhl, Versprêchen	Musîk, Hâlle

Wörter mit betonten Vorsilben		
aus – geschlôssen	Vor – stêllung	Ab – schâffung

Betonung auf der ersten Silbe		
Jâhren	Mânner	Bûrger
Sklâven	Fôrmen	Môglichkeit

Betonung auf der zweiten Silbe		
antîk	Athên	Vertrêter
bemângelt	Entschêîdungen	Polîtiker

Betonung auf der dritten Silbe		
Präsidênten		

Betonung auf der vierten Silbe		
Demokratîe	Repräsentânten	

Übungen zur Länge und Kürze des betonten Vokals

Name:

Einführung: Allgemeine Hinweise zur Methodik und Didaktik

Allgemeine Hinweise zur Klangqualität des betonten Vokals

Der Übungsbereich „Unterscheidung zwischen dem langen und kurzen betonten Vokal" stellt eine Schlüsselstelle der deutschen Rechtschreibung dar, die es den Schülern ermöglicht, sich die Schreibung eines Wortes selbst zu erschließen. Dieser Bereich sollte deshalb mit Sorgfalt, Aufmerksamkeit und Geduld behandelt werden. Wie bei allen anderen Themen auch, wird es große Unterschiede darin geben, wie schnell sich die einzelnen Schüler die gewünschte Fähigkeit aneignen können. Unserer Erfahrung nach gelingt es allerdings nahezu jedem, sowohl den betonten Vokal als auch dessen Klangqualität herauszuhören. Einige brauchen nur etwas mehr Trainingszeit.

Obwohl die unterschiedliche Klangquantität und -qualität des betonten Vokals eine bedeutungsunterscheidende Funktion hat, wird dieser Vokal im deutschen Schriftsystem *nicht* durch unterschiedliche Buchstaben dargestellt. Die Anweisungen für den Leser, ob er den Stammvokal lang oder kurz zu sprechen hat, liegen im Deutschen vielmehr unmittelbar *hinter* ihm: Auskunft geben z.B. die Anzahl der nachfolgenden Konsonanten, das Dehnungs-h, ein Zwillingsvokal oder das Längezeichen „e" beim „ie".

Lang gesprochen wird der betonte Vokal,

- wenn nur *ein* Konsonantenbuchstabe folgt (Gla**s**),
- wenn zusätzliche Dehnungszeichen folgen (Dehnungs-**h** usw.).

Dies gilt für die *Grundformen* eines Wortes, z.B. für *fragen*. Personalendungen sind keine Leseanweisungen, so dass bei „er fragte" das /a/ trotz der zwei folgenden Konsonanten *lang* gesprochen wird.

Kurz gesprochen wird der betonte Vokal,

- wenn zwei (oder mehr) verschiedene oder zwei gleiche Konsonanten folgen (Held, hell).

Weiterhin gilt,

- dass unbetonte Vokale im Deutschen nie lang gesprochen werden
- und dass Diphthonge (Zwielaute) generell als lang gelten. Nach ihnen wird weder gedoppelt noch gedehnt.

Ausnahmen:

1. In wenigen Fällen wird der betonte Vokal lang gesprochen, obwohl mehrere Konsonanten folgen, z.B. bei Erde, Pferd, Bart, Mond, Husten, Trost. Für die Schreibung ist dies aber nicht relevant, da erstens wegen der Langsprechung keine Dopplung möglich ist und zweitens kein besonderes Dehnungszeichen nötig ist, weil dies nur dann der Fall wäre, wenn nur *ein* Konsonant nach dem betonten Vokal zu hören wäre.
2. Bei einigen Fremdwörtern greifen weder Betonungsstrategie noch andere schlichte Hilfestellungen. Diese Wörter müssen auswendig gelernt werden, z.B. Kommôde, Terrâsse usw.

Voraussetzungen für die Lang-Kurz-Unterscheidung:

- Der betonte Vokal eines Wortes muss erkannt werden können, d.h. es müssen die Übungen zur Betonung bearbeitet worden sein.
- Die Schüler müssen wissen, dass die Unterscheidung „lang-kurz" (oder auch „geschlossen-offen" oder „dick-dünn") nur für diesen betonten Vokal gilt und dass unbetonte Vokale nie lang gesprochen werden (dies gilt für die deutsche Sprache!).
- Der Grund für die Übungen sollte den Schülern genannt worden sein (Zieltransparenz): Auf einen kurzen Vokal könnte ein doppelter Konsonantenbuchstabe geschrieben werden müssen und nach einem langen Vokal evtl. ein Dehnungszeichen. Um in den Bereichen Dopplung und Dehnung sicher zu werden, muss man also *hören*, ob ein Vokal lang oder kurz klingt.

Name:

Gespür für die Unterscheidung zwischen Lang- und Kurzvokalen erlangen

Vorschlag zur Themeneinführung

1. Lesen Sie die folgenden Sätze mit *falsch* gesprochenen Stammvokalen vor (die Groß-Kleinschreibung spielt hier keine Rolle, da die Aufgabe nur mündlich erfolgt):

a)

Der **offen** ist heiß. (Es müsste „Ofen“ heißen, mit langem /o/.)

Manche Menschen sind **Ofen** für alles. (Es müsste „offen“ heißen, mit kurzem /o/.)

b)

Sie putzte sich die **nasse**. (Es müsste „Nase“ heißen, mit langem /a/.)

Dann zog sie ihr T-Shirt über die **Nase** Haut. (Es müsste „nase“ heißen, mit kurzem /a/.)

c)

In diesem Haus soll es **spucken**. (Es müsste „spuken“ heißen, mit langem /u/.)

Man soll nicht auf den Boden **spuken**. (Es müsste „spucken“ heißen, mit kurzem /u/.)

d)

In der Kirche **Betten** die Menschen. (Es müsste „beten“ heißen, mit langem /e/.)
In den **beten** schlafen sie. (Es müsste „Betten“ heißen, mit kurzem /e/.)

e)

Auf dieser Wiese summen **binnen**. (Es müsste „Bienen“ heißen, mit langem /ie/.)

Die Zeit der **Bienen**schifffahrt ist vorbei. (Es müsste „binnen“ heißen, mit kurzem /i/.)

2. Fragen Sie nun, bei welchen Wörtern etwas „nicht stimmt“.
Lesen Sie die Sätze dazu noch einmal einzeln vor und arbeiten Sie anschließend mit den Schülern heraus, was genau an den Wörtern seltsam ist.

- Wo klingt es komisch? Antwort: Am *Vokal.*
- Welcher Vokal ist das? Antwort: Der *betonte* Vokal.
- Wie klingen die Vokale? Antwort: *Lang* in Ofen, Nase, spukt und Bienen.
  Kurz in offen, nasse, spuckt und binnen.

3. Formulieren Sie gemeinsam mit den Schülern das Fazit, z.B.:

Der betonte Vokal kann lang oder kurz gesprochen werden. Sein unterschiedlicher Klang ist bedeutungsunterscheidend (der Ofen, offen; spuken, spucken usw.)

Name:

Zusammenhang zwischen Klangqualität und Schreibung erkennen

1. Trage die unterstrichenen Wörter in die Tabelle ein.

Der **Ofen** ist heiß.
Manche Menschen sind **offen** für alles.

Sie putzte sich die **Nase**.
Dann zog sie ihr T-Shirt über die **nasse** Haut.

In diesem Haus soll es **spuken**.
Man soll nicht auf den Boden **spucken**.

In der Kirche **beten** die Menschen.
In den **Betten** schlafen sie.

Auf dieser Wiese summen **Bienen**.
Die Zeit der **Binnen**schifffahrt ist vorbei.

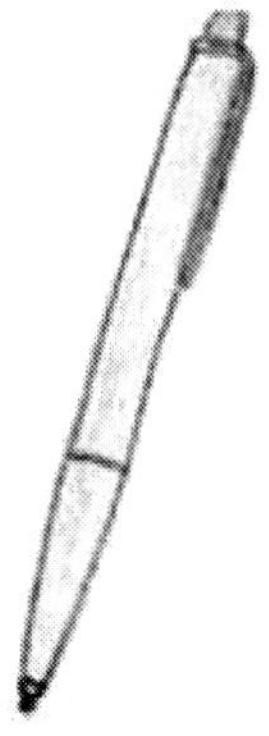

Langer betonter Vokal	**Kurzer** betonter Vokal

2. Versuche folgende Fragen zu beantworten:

- Woran erkennt man im Schriftbild, dass der betonte Vokal **lang** gesprochen werden muss?

____

- Woran erkennt man im Schriftbild, dass der betonte Vokal **kurz** gesprochen werden muss?

____

Name:

Heraushören von Länge und Kürze trainieren (mit Bild)

- Was siehst du auf den Bildern? Sprich dir die Begriffe laut vor.
- Entscheide dann, ob der betonte Vokal lang oder kurz klingt.
Kleiner Tipp: Hier ist immer der erste Vokal im Wort betont.

lang	
kurz	

lang	
kurz	

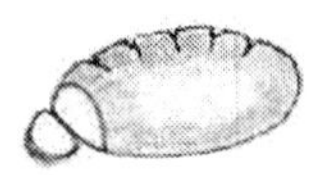

lang	
kurz	

lang	
kurz	

lang	
kurz	

lang	
kurz	

lang	
kurz	

lang	
kurz	

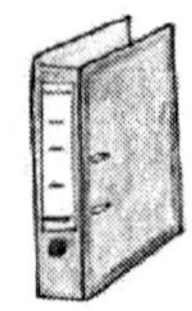

lang	
kurz	

lang	
kurz	

lang	
kurz	

lang	
kurz	

lang	
kurz	

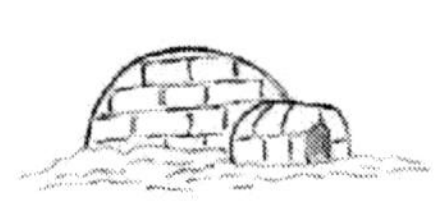

lang	
kurz	

lang	
kurz	

lang	
kurz	

lang	
kurz	

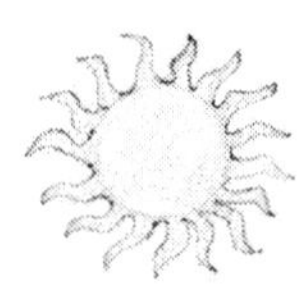

lang	
kurz	

lang	
kurz	

lang	
kurz	

lang	
kurz	

lang	
kurz	

lang	
kurz	

lang	
kurz	

lang	
kurz	

lang	
kurz	

lang	
kurz	

Name:

Heraushören von Länge und Kürze trainieren (Partnerarbeit)

Suche dir für diese Übung einen Partner.

- **Knicke das Blatt an der gestrichelten Linie um.**
- **Lies deinem Partner die ersten 16 Wörter ohne die Klammern nacheinander vor.**
- **Dein Partner findet heraus, ob der betonte Vokal lang oder kurz klingt.**
- **Du vergleichst seine Antworten mit den Lösungen.**
- **Mach ein Häkchen für jede richtige Antwort.**

- **Danach tauscht ihr die Rollen.**
- **Wer hat am Schluss die meisten Häkchen?**

Du liest vor:

der Saal	(langes a)	☐	der Segen	(langes e)	☐
kalt	(kurzes a)	☐	selten	(kurzes e)	☐
der Wille	(kurzes i)	☐	die Füße	(langes ü)	☐
die Wiese	(langes i)	☐	die Flüsse	(kurzes ü)	☐
bluten	(langes u)	☐	können	(kurzes ö)	☐
der Bulle	(kurzes u)	☐	der König	(langes ö)	☐
die Wolle	(kurzes o)	☐	die Blätter	(kurzes ä)	☐
die Kohle	(langes o)	☐	die Bären	(langes ä)	☐

- -

Dein Partner liest vor:

der Wal	(langes a)	☐	das Mus	(langes u)	☐
der Wald	(kurzes a)	☐	der Kuss	(kurzes u)	☐
die Diebe	(langes i)	☐	der Hof	(langes o)	☐
dribbeln	(kurzes i)	☐	die Hoffnung	(kurzes o)	☐
müssen	(kurzes ü)	☐	die Äcker	(kurzes ä)	☐
grüßen	(langes ü)	☐	die Währung	(langes ä)	☐
der Fehler	(langes e)	☐	höflich	(langes ö)	☐
die Felder	(kurzes e)	☐	der Höcker	(kurzes ö)	☐

Name:

Heraushören von Länge und Kürze trainieren (Vertiefen: Rätsel)

- In diesem Buchstabensalat sind 4 Wörter senkrecht und 18 waagrecht versteckt.
- Schreibe die Wörter auf die Zeilen und markiere den betonten Vokal mit ^ .
- Male unter den <u>kurzen</u> Vokal einen <u>Punkt</u> und unter den <u>langen</u> einen <u>Strich</u>.

Achtung: Die senkrechten Wörter sind relativ schwer zu finden!

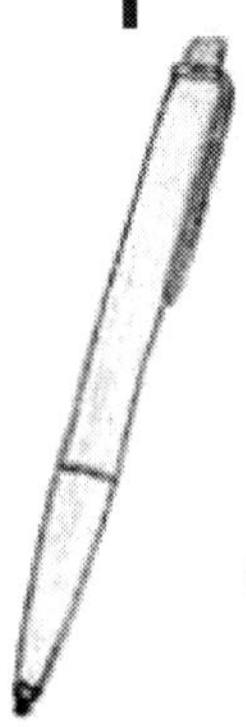

B R A V G I O P L I N E A L F U R W S A C K L M P Ü L P I
N B T S U P E R N V Z E N G E L K H Z T P R I M A J H I L
F T O L U I P K R U G B W P U Z K L Z H G F K M N G I A
L A P W K G P O R M A N D A R I N E K O W R I K A N U I
T G K N K M H Z Ü P L G L J H G T G A H F I A L F Ü N I L
O P K Q U H K O N F E T T I L M P Y Ö Y L T S M I F Z S I
O R T U G H A X Y D P Ö P T H T G P S E R I S O P K T W
L H T R H A C K E N K M R I N H L M T R E O G T E R D L
K F H Q W E D F B H L Z L N W G T E L E F O N I E R E N
S P I R A L E K N L K T I R T S W Q K M H W B G H B F R
H F W C X Y S A P O I H L E G O T R B F D L I U K W L O
M H W T L T W E I M L O I Ö P N H T Z F G O R I L L A P I
K U W Z F R F D C I Ä Ö U Z N X C H T E M J O L Z T B G
H L W E T T E R G S F T I G U O P L N B C O U Z N T R O
J U I L N H L Ü T Z C K I K A R T I S C H O C K E F K I P A
N D R T E Z W R S H Z L O K O M O T I V E K B L K G L H

Name:

Heraushören von Länge und Kürze trainieren (Partnerarbeit: Text)

Suche dir für diese Übung einen Partner.

- Lass dir die erste Hälfte des Textes „Fantasy-Rollenspiel“ vorlesen.
- Dein Partner wiederholt nach jedem Satz die unterstrichenen Wörter.
- Schreibe sie auf ein extra Blatt und setze den Betonungsgipfel ^.
- Entscheide, ob der betonte Vokal lang oder kurz gesprochen wird.
- Nach der Hälfte wird gewechselt.

Denke daran:

1. Zwielaute (au, äu, eu, ei, ai) gelten als lang.
2. Bei zusammengesetzten Wörtern musst du den Betonungsgipfel für jedes Wort einzeln bestimmen: Blumenkohl: die Blûme (lang), der Kôhl (lang)

Fantasy-Rollenspiel

Kennst auch du Leute, die sich am Wochenende in verdunkelten Räumen versammeln, um gemeinsam in fremde Welten abzutauchen? Rollenspiele gibt es hier seit den achtziger Jahren, als dieser Trend aus den USA nach Deutschland kam. Damals wurde das erste Fantasy-Rollenspiel, „Dungeons and Dragons“, kurz „D&D“ genannt, ins Deutsche übersetzt. Das erste heimische Rollenspiel ist „Das Schwarze Auge“, „DSA“. Es erfreut sich bis heute großer Beliebtheit. Aber worin besteht der Reiz dieses Hobbys?

Jeder Spieler schlüpft in die Rolle eines Helden. Das kann ein Elf, Zwerg, Krieger oder Zauberer sein. Aber es gibt auch Hexen, Druiden, Diebe oder ganz fantastische Geschöpfe wie Echsenwesen, Trolle und Feen. Die Helden erleben Abenteuer in einer Welt, wo Vampire sich am Blut ihrer Opfer laben, Drachen auf Bergen von Gold dösen und hilflose Jungfrauen oder Prinzen in dem Verlies eines dunklen Hexenmeisters auf ihre Retter warten. In jeder Rollenspielrunde gibt es einen Meister.

- ab hier wechseln! –

Er erzählt die Geschichte, in die alle gemeinsam eintauchen und er beschreibt die Umgebung. Er ist der Regisseur, der die Handlung der Abenteuer leitet. Jeder Spieler hat einen Charakterbogen, auf dem Zahlenwerte für die Klugheit, den Mut, das Geschick und die Stärke notiert sind. Aber nicht alle Helden sind nur gut, stark und schön. Manche haben Höhenangst, fürchten sich vor Dunkelheit und Zauberei – oder sie sind goldgierig und trunksüchtig. Echtes Fantasy-Rollenspiel ist, wie der Name schon sagt, wenn die Spieler den Charakter ihres Helden mit allen Stärken und Schwächen darstellen. Dabei redet man mit veränderter Stimme, drückt sich altmodisch aus, imitiert die Mimik der Figur. Manchen reicht das nicht: Im Gegensatz zu sogenannten „Pen & Paper“-Rollenspielen, für die man eigentlich nur Stift, Papier und Würfel braucht, fahren viele auf das „Live“-Rollenspiel ab. Sie treffen sich im Freien, in Wäldern oder an Burgen und verkleiden sich. Dann ziehen sie mit Gummiwaffen und Zauberstäben, Masken und Rüstungen ins Abenteuer.

Name:

Heraushören von Länge und Kürze trainieren (Automatisierung)

- Schreibe die unterstrichenen Wörter in dein Heft.
- Markiere den Betonungsgipfel mit ^ .
- Male unter den kurzen Vokal einen Punkt und unter den langen einen Strich.
- Denke daran, wie du bei Zusammensetzungen und betonten Vorsilben vorgehen musst!

Beispiele: *Mystêrium* *grâs - grûn* *an - gêben*

Jack the Ripper

Wer hat nicht schon von „Jack the Ripper" gehört? Doch wer oder was verbirgt sich hinter diesem Mysterium? Im Herbst 1888 ereignete sich in London eine Serie von Morden. Die Opfer waren Prostituierte, Frauen aus der Unterschicht. Sie wurden verstümmelt und einigen von ihnen wurden Organe entnommen. Unheimlich, nicht wahr? Wer die Morde verübt hat, wurde niemals herausgefunden. Es ist sogar unklar, woher der Name „Jack the Ripper" stammt. Aus dem „Herbst des Schreckens" sind zahlreiche Briefe überliefert, von denen viele von angeblichen Tätern stammen. In einem dieser Briefe taucht der Name auf. Andere spekulieren, dass die Zeitungen den Namen erfunden haben, um das Interesse an dem Thema anzuheizen. Sogenannte „Ripperologen" werten historische Dokumente aus, um dem Mörder noch nach über 120 Jahren auf die Schliche zu kommen. Im Laufe der Zeit wurden über 70 Menschen verdächtigt, Jack the Ripper gewesen zu sein.

Viele meinen, der Täter müsse im Umgang mit anatomischen Werkzeugen wie dem Skalpell geschult gewesen sein. Man dachte an einen Arzt oder Chirurgen als Täter.

Selbst bei der Anzahl der Opfer besteht keine Klarheit: Es gibt fünf Ermordete, bei denen es als gesichert gilt, dass sie von Jack the Ripper umgebracht wurden. Aber wer sagt, dass das alle sind?

Mit dieser Mordserie gingen, so glauben manche, zwei bedeutende Veränderungen einher: Die Morde von Jack the Ripper lösten erstmalig einen weltweiten Medienrummel aus. In den Zeitungen, die damals erst seit kurzem billig und in großer Auflage kursierten, wurde über die Vorfälle berichtet. Da die Morde niemals aufgeklärt wurden, blieb das rege Interesse an Neuigkeiten erhalten. Auf der anderen Seite lenkten die Morde die öffentliche Aufmerksamkeit auf die Verhältnisse der Unterschicht, denn dort fanden sich die Opfer. Bislang hatte sich niemand für die Armen, zum Beispiel im Londoner Eastend, interessiert. Nach den Morden brachten Sozialreformer die Probleme und Lebensbedingungen der armen Bevölkerung zur Sprache. Jack the Ripper hat bis heute nichts von seiner Faszination verloren. Viele Filme handeln von ihm, so zum Beispiel „From Hell" mit Johnny Depp.

Name:

Informeller Abschlusstest

Suche bei den fett gedruckten Wörtern den Betonungsgipfel.
Male unter den kurzen einen Punkt und unter den langen einen Strich, z.B.

Gâbel

Beispiele für Zusammensetzungen und betonte Vorsilben:

Rôt/kôhl *an/hêben*

Kartoffelsuppe

Kochst du **gerne**? Wenn ja, könnte dich dieses Rezept **begeistern**. Es ist für alle **Gelegenheiten** geeignet. So geht es: Besorge dir ein bis zwei Kilo **Kartoffeln** und einen Bund Suppengrün. Die Kartoffeln werden zuerst **geschält**, gewaschen und in Würfel **geschnitten**. Danach kommen sie in einen großen Kochtopf. Fülle den mit Wasser, so dass die Kartoffeln knapp damit **bedeckt** sind. Ein Brühwürfel und ein Teelöffel **Salz** kommen auch dort hinein. Jetzt kannst du das Suppengrün bearbeiten: Es besteht aus einer **Möhre**, einem Stück Sellerie, Lauch und etwas **Petersilie**. Die Möhre wird geschält und in Stücke geschnitten, ebenso der Sellerie. Beim Lauch schneidest du das Ende mit den **Wurzeln** ab und die **grünen**, langen **Blätter**. Alles, was dazwischen ist, wird jetzt in **Scheiben** geschnitten und unter fließendem **Wasser** abgespült. Die Petersilie **solltest** du für später **aufheben**. Das bearbeitete Suppengrün gibst du zu den Kartoffeln. Nun muss alles 15 **Minuten** lang kochen.
Danach **nimmst** du den Topf von der Herdplatte und den Kartoffelstampfer zur Hand. Mit diesem **zerstampfst** du nun den Inhalt des Topfes zu Brei. Als nächstes fügst du zwei **Handvoll** tiefgefrorene **Erbsen** hinzu und rührst sie unter den Brei. Mit einer **weiteren** Möhre, die geschält, gewaschen und in Würfel geschnitten wurde, tust du dasselbe, ebenso mit kleingeschnittenen sauren **Gurken** (2-4 Stück) und 5-6 geschnittenen **Brühwürstchen**. Jetzt fehlen noch ein kleiner **Becher** Crème Fraîche und ein **Schuss** von dem **Gurkenwasser** sowie 1-2 Teelöffel Majoran. **Alles** gut **umrühren** und dann zurück damit auf den Herd. Die **Suppe** wird jetzt noch ca. 10 Minuten lang **gegart** und mit Salz und **Pfeffer abgeschmeckt**. Vorsicht! Da sie **dickflüssig** ist, entsteht beim **Kochen** der „Blubb-Effekt“! Wenn du nicht herausfinden möchtest, was das ist und wie deine Küche danach aussieht, solltest du **wirklich** die ganze Zeit über umrühren. Und dann: Lass es dir **schmecken**!

Lösungen zur Länge und Kürze des betonten Vokals

Zusammenhang zwischen Klangqualität und Schreibung erkennen

Hinweis für den Lehrenden:
Die Fragen zur schriftlichen Darstellung der unterschiedlichen Vokalquantitäten und -qualitäten sind ein kleiner Vorgriff auf die später folgenden Themen „Dopplung" und „Dehnung" und sollen an dieser Stelle lediglich den Sinn der Übungen zum langen und kurzen Vokal transparent machen:
Die Vokalqualität ist ein wichtiges Indiz für die Schreibung, da Doppelkonsonantenbuchstaben nur nach einem *kurzen* betonten Vokal und Dehnungszeichen nur nach einem *langen* betonten Vokal vorkommen können.

---

1. Trage die unterstrichenen Wörter in die Tabelle ein.

langer betonter Vokal	kurzer betonter Vokal
Ofen	offen
Nase	nasse
spuken	spucken
beten	Betten
Bienen	binnen

2. Versuche folgende Fragen zu beantworten:

- Woran erkennt man im Schriftbild, dass der betonte Vokal lang gesprochen werden muss?

Antwort:
Bei den Wörtern mit langem Vokal folgt nur ***ein*** Konsonantenbuchstabe.
Bei „Bienen" steht ein „e" hinter dem „i". Auch daran sieht man, dass der betonte Vokal *lang* gesprochen werden muss.

- Woran erkennt man im Schriftbild, dass der betonte Vokal kurz gesprochen werden muss?

Antwort:
Bei den Wörtern mit kurzem betontem Vokal folgen *zwei* Konsonantenbuchstaben.
(In diesen Fällen folgen zwei *gleiche* Konsonantenbuchstaben; „ck" ist lediglich eine besondere Schreibweise für „kk"; vg. auch „tz" für „zz"!)

Heraushören von Länge und Kürze trainieren (mit Bild)

Hinweis für den Lehrenden:
Eventuell müssen die Begriffe zuerst geklärt werden, bevor mit dem Bearbeiten des Blattes begonnen wird.

- Was siehst du auf den Bildern? Sprich dir die Begriffe laut vor.
- Entscheide dann, ob der betonte Vokal lang oder kurz klingt.
Kleiner Tipp: Hier ist immer der erste Vokal im Wort betont.

Wort	lang	kurz	Wort	lang	kurz	Wort	lang	kurz
Besen	x		Krücke		x	Brot	x	
Fuß	x		Butter		x	Wolle		x
Glas	x		Löwe	x		Ordner		x
Kasse		x	Schaf	x		Hund		x
Kiste		x	Iglu	x		Puppe		x
Nuss		x	Brief		x	Sonne		x
Messer		x	Hut	x		Kamm		x
Ast		x	Dose	x		Welle		x
Nagel	x		Zebra	x		Ente		x

Heraushören von Länge und Kürze trainieren (Vertiefen: Rätsel)

Hinweis für den Lehrenden:

„Buchstabensalate" sind als kleine Abwechslung im Übungsalltag gedacht. Sie können allerdings unter Umständen Schüler überfordern, die noch Schwierigkeiten beim Lesen haben. In diesen Fällen ist es sinnvoller, die Wörter vorzulesen.

Achtung: Da aus technischen Gründen nicht gleichzeitig der Betonungsgipfel markiert werden und ein Punkt unter den Vokal gesetzt werden kann, sind bei den Lösungen die Angaben zur Klangqualität in Klammern gesetzt.

---

waagrecht:

brâv (lang)
Lineâl (lang)
Sâck (kurz)
sûper (lang)
Krûg (lang)
Êngel (kurz)
prîma (lang)
Mandarîne (lang)
Kânu (lang)
Konfêtti (kurz)
hâcken (kurz)
telefonîeren (lang)
Spirâle (lang)
Lêgo (lang)
Gorîlla (kurz)
Wêtter (kurz)
Artischôcke (kurz)
Lokomotîve lang)

senkrecht:

Tâg (lang)
krâss (kurz)
Tînte (kurz
kômisch (lang

B R A V G I O P L I N E A L F U R W S A C K L M P Ü L P I
N B T S U P E R N V Z E N G E L K H Z T P R I M A J H I L
F T O L U I P K R U G B W P U Z K L Z H G F K M N G I A
L A P W K G P O R M A N D A R I N E K O W R I K A N U I
T G K N K M H Z Ü P L G L J H G T G A H F I A L F Ü N I L
O P K Q U H K O N F E T T I L M P Y Ö Y L T S M I F Z S I
O R T U G H A X Y D P Ö P T H T G P S E R I S O P K T W
L H T R H A C K E N K M R I N H L M T R E O G T E R D L
K F H Q W E D F B H L Z L N W G T E L E F O N I E R E N
S P I R A L E K N L K T I R T S W Q K M H W B G H B F R
H F W C X Y S A P O I H L E G O T R B F D L I U K W L O
M H W T L T W E I M L O I Ö P N H T Z F G O R I L L A P I
K U W Z F R F D C I Ä Ö U Z N X C H T E M J O L Z T B G
H L W E T T E R G S F T I G U O P L N B C O U Z N T R O
J U I L N H L Ü T Z C K I K A R T I S C H O C K E F K I P A
N D R T E Z W R S H Z L O K O M O T I V E K B L K G L H

Heraushören von Länge und Kürze trainieren (Partnerarbeit: Text)

Suche dir für diese Übung einen Partner.

- Lass dir die erste Hälfte des Textes „Fantasy-Rollenspiel“ vorlesen.
- Dein Partner wiederholt nach jedem Satz die unterstrichenen Wörter.
- Schreibe sie auf ein extra Blatt und setze den Betonungsgipfel ^.
- Entscheide, ob der betonte Vokal lang oder kurz gesprochen wird.
- Nach der Hälfte wird gewechselt.

frêmde (kurz)
Rôllen – Spîele (kurz – lang)
âchtziger (kurz)
Trênd (kurz)
dâmals (lang)
grôßer (lang)
Belîebtheit (lang)
Hôbbys (kurz)
schlûpft (kurz)
Êlf (kurz)
Geschôpfe (kurz)
Êchsen – Wêsen (kurz – lang)
Hêlden (kurz)
Vampîre (lang)
Ôpfer (kurz)
dôsen (lang)
Verlîes (lang)
Rêtter (kurz)
jêder (lang)

Geschîchte (kurz)
Umgêbung (lang)
Hândlung (kurz)
Charâkter – Bôgen (kurz – lang)
Klûgheit (lang)
Dûnkelheit (kurz)
gôld – gîerig (kurz – lang)
Êchtes (kurz)
rêdet (lang)
verânderter (kurz)
âlt – môdisch (kurz – lang)
imitîert (lang)
Wûrfel (kurz)
trêffen (kurz)
Wâldern (kurz)
Gûmmi – Wâffen (kurz – kurz)
Zâûber – Stâbe (lang – lang)

Heraushören von Länge und Kürze trainieren (Automatisierung)

<u>Hinweise für den Lehrenden:</u>
Die Übung muss nur dann eingesetzt werden, wenn für einen Schüler die Notwendigkeit besteht, die Unterscheidung zwischen langem und kurzem Vokal noch einmal zu üben. Wenn die Differenzierung bereits beherrscht wird, kann gleich mit dem informellen Abschlusstest fortgefahren werden.
Achtung: Da aus technischen Gründen nicht gleichzeitig der Betonungsgipfel markiert werden und ein Punkt unter den Vokal gesetzt werden kann, sind die Angaben zur Klangqualität in Klammern gesetzt.

- Schreibe die unterstrichenen Wörter in dein Heft.
- Markiere den Betonungsgipfel mit ^ .
- Male unter den <u>kurzen</u> Vokal einen <u>Punkt</u> und unter den <u>langen</u> einen <u>Strich</u>.
- Denke daran, wie du bei Zusammensetzungen und betonten Vorsilben vorgehen musst!
Beispiele: Mystêrium grâs - grûn an - gêben

hînter (kurz)
Sêrie (lang)
Ôpfer (kurz)
Orgâne (lang)
entnômmen (kurz)
unhêîmlich (Zwielaute gelten als lang)
verûbt (lang)
un – klâr (lang)
Schrêcken (kurz)
Brîefe (lang)
an – gêblichen (lang)
stâmmen (kurz)
Nâme (lang)
spekulîeren (lang)
Interêsse (kurz)
Thêma (lang)
histôrische (lang)
Dokumênte (kurz)
Jâhren (lang)
kômmen (kurz)
Mênschen (kurz)
gewêsen (lang)

Um – gâng (kurz)
anatômischen (lang)
Wêrk – Zêûgen (kurz, lang)
geschûlt (lang)
Tâter (lang)
Ôpfer (kurz)
gesîchert (kurz)
âlle (kurz)
mânche (kurz)
Verânderungen (kurz)
Mêdien – Rûmmel (lang, kurz)
bîllig (kurz)
Vor – fâlle (kurz)
auf – geklârt (lang)
erhâlten (kurz)
Sêîte (lang)
ôffentliche (kurz)
nîemand (lang)
Problême (lang)
Bevôlkerung (kurz)
Faszinatiôn (lang)
Fîlme (kurz)

Informeller Abschlusstest

Hinweis für den Lehrenden:

Der Abschlusstest dient der Überprüfung, ob der betonte Vokal und seine Klangqualität sicher herausgefunden werden können. Dies ist notwenige Voraussetzung für eine erfolgreiche Bearbeitung der Sequenzen „Dopplung", „Dehnung" und „S-Laute". Es sollte hier deshalb nicht um eine Benotung gehen, sondern nur darum herauszufinden, an welcher Stelle noch Wissenslücken bestehen oder wo es an einer ausreichenden Automatisierung der Regeln mangelt.
Bewährt hat sich ganz allgemein, immer wieder zwischendurch an beliebigen Wörtern aus Texten oder Zeitungsausschnitten den betonten Vokal suchen zu lassen.
Falls hartnäckige Schwierigkeiten bestehen, lang und kurz zu differenzieren, können Minimalpaare eine gute Hilfe sein: Was klingt richtig: Wade oder Wadde? Zimer oder Zimmer?

- Schau Dir jetzt die Lösung an und vergleiche.
- Für jeden richtig gesetzten Betonungsgipfel gibt es einen Punkt.

gêrne (kurz)
begêîstern (lang)
Gelêgenheiten (lang)
Kartôffeln (kurz)
geschâlt (lang)
geschnîtten (kurz)
bedêckt (kurz)
Sâlz (kurz)
Môhre (lang)
Petersîlie (lang)
Wûrzeln (kurz)
grûnen (lang)
Blâtter (kurz)
Schêîben (lang)
Wâsser (kurz)
sôlltest (kurz)
auf – hêben (lang)
Minûte lang)
nîmmst (kurz)

zerstâmpfst (kurz)
Hând – vôll (kurz, kurz)
Êrbsen (kurz)
wêîteren (lang)
Gûrken (kurz)
Brûh – wûrstchen (lang, kurz)
Bêcher (kurz)
Schûss (kurz)
Gûrken – wâsser (kurz, kurz)
Âlles (kurz)
um – rûhren (lang)
Sûppe (kurz)
gegârt (lang)
Pfêffer (kurz)
ab – geschmêckt (kurz)
dîck – flûssig (kurz, kurz)
Kôchen (kurz)
wîrklich (kurz)
schmêcken (kurz)

38-37 Punkte:
Das hast du sehr gut gemacht! Du kannst dieses Kapitel abschließen und mit einem neuen Thema beginnen.

36-34 Punkte:
Du hast bei vielen Wörtern die unterschiedliche Klangqualität der Vokale gut erkannt. Übe noch ein kleines bisschen mit Wörtern aus einer Zeitschrift oder aus deinem Lieblingsbuch.

Weniger als 34 Punkte:
Da solltest du noch einmal fleißig trainieren. Bitte beispielsweise einen Freund oder eine Freundin darum, dir aus dem Rechtschreib-Duden Wörter vorzulesen. Du suchst nach dem betonten Vokal und prüfst, ob er lang oder kurz klingt. Im Duden sind die kurzen betonten Vokale mit einem Punkt gekennzeichnet und die langen mit einem Strich, so dass ihr sofort gemeinsam kontrollieren könnt, ob du richtig geantwortet hast.

Übungen zur Dopplung

Name:

Problemerkennung: Wann sind doppelte Konsonanten-BS zu schreiben?

Aufgabe 1:
Setze bei den Wörtern in den Kästen das Zeichen für den Betonungsgipfel.

Hemd
Kraft
Kasten
Wald
Tante
halten
winzig

kämmen
kläffen
Kasse
Wall
Tanne
Halle
gewinnen

Aufgabe 2:
Wie werden diese betonten Vokale gesprochen:

lang? ☐ kurz? ☐

Aufgabe 3:
Zähle jetzt die Konsonanten, die auf den betonten Vokal folgen. ☐

Aufgabe 4:
Sprich dir die Wörter laut vor und prüfe: Wie viele Konsonanten *hörst* du nach dem betonten Vokal...

...bei den Wörtern im ersten Kasten: ☐

...bei den Wörtern im zweiten Kasten: ☐

Aufgabe 5:
Findest du für jeden Kasten die passende Überschrift?

Name:

Grundregel anwenden (Lückentext)

Grundregel zur Dopplung:

Nach einem kurzen betonten Vokal müssen zwei Konsonanten folgen.

Beispiel: Li**ft**

Hört man nur einen, wird er verdoppelt:

Beispiel: Schi**ff**

Fülle die Lücken im Text „Inlineskaten“.
Die Wörter haben immer einen kurzen betonten Vokal.
Entscheide, ob ein einfacher oder doppelter Konsonant in die Lücke gehört.

Inlineskaten

Seit den neunziger Jahren hat sich dieser Tre___d in der ganzen We___t verbreitet. Inlineskates, bei denen die vier Ro___en in einer Schiene, englisch „in-line“, angeordnet sind, haben damals die bis dahin üblichen Rollschuhe verdrängt.

Aber wusstest du, dass schon 1760 eine Frühform der heutigen Inlineskates von einem Ma___ aus Be___gien entwickelt wurde? Man konnte jedoch zu dieser Zeit noch nicht richtig skaten, da die Straßen Kopfstein als Pfla___terung ha___en. Heute bestehen die meisten Straßen aus Aspha___t, auf dem die Ro___en richtig gut laufen.

Mit den Skates kann man sich auf unterschiedliche Weise beschä___tigen: Die einen laufen aus Grü___den der Fitness, so wie andere joggen gehen. A___dere betreiben Inlineskaten als Funsport, des Spaßes ha___ber. Speedskater wo___en möglichst schne___ sein.

Aggressive Skater grinden auf Gelä___dern oder drehen ihre Ru___den in der Halfpipe. Dabei ist es natürlich beso___ders wichtig, auf angemessenen Schutz zu achten: Knie- und Ellbogenschutz gehören genauso dazu, wie der He___m. Ach, und den Schutz für die Hä___de hätten wir beinahe verge___en.

Name:

Sonderschreibungen ck und tz (Lückentext)

„**ck**" und „**tz**" sind besondere Schreibungen für doppelte Konsonanten, da es „kk" und „zz" im Deutschen nicht gibt.

Die Regeln sind aber die gleichen wie für die anderen Konsonanten.

1. **Lies dir den Text durch und setze „ck" oder „tz" in die Lücken ein.**
2. **Markiere bei allen Lückenwörtern den betonten Vokal mit ^ und**
3. **male einen Punkt darunter als Zeichen für „Kürze".**

Auf ins Kino!

Katja und Mark wollen heute Abend mit ihrem Kumpel Atze ins Kino.

„Um viertel nach acht fängt der Film an!", ruft Katja in heller Aufregung, als Atze endlich da ist.

„Wir müssen auch noch eine halbe Stunde vorher im Kino sein, um die Karten abzuholen!", ergänzt Mark, während er auf die Uhr schaut. Es ist schon halb acht.

„Was gibt es denn?", fragt Atze.

„Einen Gruselfilm!", antwortet Mark und schneidet eine Fra___e.

„Du bewegst dich aber auch wie eine Schne___e!", me___ert Katja ihn an. Sie zupft und zerrt an ihrem schi___en Ro___ und fügt hinzu: „Wir müssen hier langsam die Mü___e machen!"

Mark entknotet extra langsam seine Schnürsenkel. Er hasst es, wenn Katja ihm Dru___ macht.

„Hast du überhaupt schon die Ka___e gefüttert?", will Katja noch wissen.

„Klar!", sagt Mark, der sich jetzt endlich eine Mü___e über den Kopf stülpt und seine Geldbörse in der hinteren Hosentasche verstaut. Da ertönt ein Würgen aus der Küche.

„Oh nein!", stöhnt Mark, „jetzt fängt die Ka___e an zu ko___en."

Zum Glü___ ist es nichts Ernstes. Eine Minute später kann das Tierchen schon wieder auf der Fensterbank si___en und sich in aller Ruhe die Ta___en le___en.

Zum Gruselfilm schaffen es die drei gerade noch rechtzeitig. Und während Katja vor Entse___en die Hand in die Popkorntüte krallt, fängt Atze an zu ra___en. Ihm ist der Film wohl zu langweilig.

Name:

Die Grundregel aktiv begreifen: Würfelspiel (Seite 1)

Das Dopplungsspiel mit Würfel

Du brauchst dafür:

- 1 bis 4 Mitspieler,
- mindestens einen Würfel,
- die Tabelle auf dem folgenden Blatt.

Spielregel:

1. Der oder die Jüngste würfelt zuerst, dann geht es reihum im Uhrzeigersinn.
2. Schaut in der Tabelle nach, welche Wörter bei der entsprechenden Augenzahl gesucht werden.
3. Wer zuerst ein passendes Wort findet, ruft es aus und schreibt es auf eine freie Linie in die Tabelle. Falsch geschriebene Wörter müssen vom Schreiber verbessert werden (evtl. mithilfe eines Rechtschreibwörterbuchs).
4. Dann würfelt der nächste Spieler und alle suchen ein passendes Wort.
5. Wenn für eine Zahl alle Wörter gefunden wurden, ist die entsprechende Wortaufgabe erledigt.
6. Wird jetzt diese Zahl noch einmal gewürfelt, muss ein Wort für die nächsthöhere Zahl gefunden werden.
   Beispiel:
   Angenommen, die Wortaufgabe für die Zahl 5 ist erledigt. Wenn ein Spieler jetzt noch einmal die 5 würfelt, müssen alle ein Wort für die 6 suchen. Ist hier die Tabelle ebenfalls voll, geht es mit der 1 weiter.
7. Wenn das letzte Wort gefunden wurde und die Tabelle voll ist, ist das Spiel zu Ende und es wird abgerechnet. Der Spieler mit den meisten Punkten gewinnt.

Punktevergabe:

- Wer zuerst ein passendes Wort findet und richtig aufschreibt, bekommt dafür drei Punkte.
- Wenn es falsch geschrieben wurde, gibt es nur einen Punkt.
- Wenn zwei oder mehr Spieler *gleichzeitig* ein passendes Wort rufen und es richtig schreiben, bekommen alle die drei Punkte dafür.
- Wer die Zahl für eine schon erledigte Wortaufgabe würfelt, bekommt dafür sofort einen Glückspunkt extra.

Viel Spaß!

***Übrigens:** Wörter mit „ck“ und „tz“ zählen natürlich auch als Wörter mit doppelten Konsonantenbuchstaben (siehe die vorherige Übung)!*

Name:

Die Grundregel aktiv begreifen: Würfelspiel (Seite 2)

	Findet <u>einsilbige</u> Wörter, bei denen auf einen kurzen betonten Vokal zwei <u>gleiche</u> Konsonantenbuchstaben folgen. Beispiel: toll	
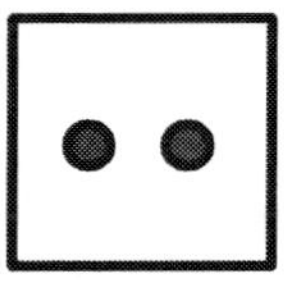	Findet <u>einsilbige</u> Wörter, bei denen auf einen kurzen betonten Vokal zwei <u>verschiedene</u> Konsonantenbuchstaben folgen. Beispiel: Kraft	
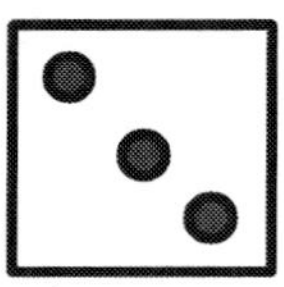	Findet <u>zweisilbige</u> Wörter, bei denen auf einen kurzen betonten Vokal zwei <u>gleiche</u> Konsonantenbuchstaben folgen. Beispiel: Kummer	
	Findet <u>zweisilbige</u> Wörter, bei denen auf ein kurzes betontes **a** zwei <u>verschiedene</u> Konsonantenbuchstaben folgen. Beispiel: Kante	
	Findet <u>zweisilbige</u> Wörter, bei denen auf ein kurzes betontes **i** zwei <u>gleiche</u> Konsonantenbuchstaben folgen. Beispiel: Grille	
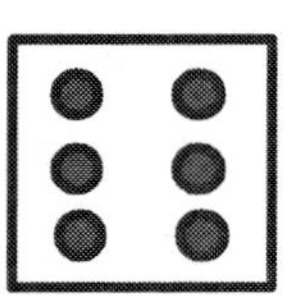	Findet <u>zweisilbige</u> Wörter, bei denen auf ein kurzes betontes **e** zwei <u>verschiedene</u> Konsonantenbuchstaben folgen. Beispiel: melken	

Name:

Grundregel vertiefen (mit Bildern)

Benenne die Begriffe und schreibe sie auf die Zeilen.
Denke an die Grundregel und entscheide, ob du doppeln musst oder nicht.
Tipp: Der betonte Vokal ist hier immer kurz.

 die ______________

 das ______________

 die ______________

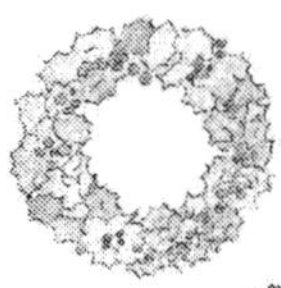 der ______________

 der ______________

 die ______________

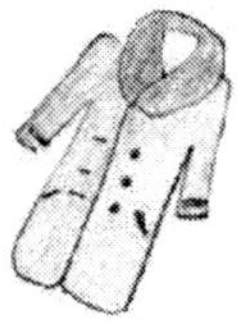 der ______________

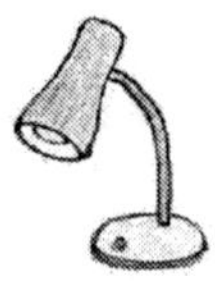 die ______________

 der ______________

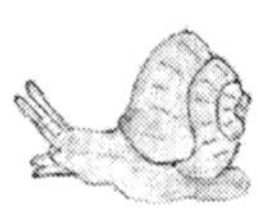 die ______________

 der ______________

 die ______________

 die ______________

 die ______________

Name:

Lang oder kurz? Doppeln oder nicht?

Lies den Text über den Kinofilm „Friendship" durch und fülle die Lücken.
Überlege dabei:
- Ist der betonte Vokal lang oder kurz?
- Wenn er kurz ist: Hörst du einen oder mehr Konsonanten danach?

Friendship!

Berli____ (n/nn) 1989. Veit und Tom, die in der DDR aufgewachsen sind, beschließen nach San Francisco zu reisen. Sie **wo____en (l/ll)** die Golden Gate Bridge sehen, den westlichsten Punkt der **We____t (l/ll)**.

Doch leider reicht das Geld nur für einen **Flu___ (g/gg)** nach New York. Dorthin machen sich die beiden auf den **We____ (g/gg)**, mit ihren **Rucksä___en (k/ck)** und mit schlechten Englischkenntnissen. Am Flughafen begrüßen sie den Mann am **Scha____ter (l/ll)**, indem sie die **Ha____d (n/nn)** heben und „Friendship!", also „Freundschaft" sagen, wie sie es im sozialistischen Unterricht gelernt haben.

Danach geht die **Rei___e (s/ss)** weiter: Per Anhalter fahren sie Richtung San Francisco.

In einer **Ba____ (r/rr)** versuchen sie, ihre **Fina____zen (n/nn)** aufzubessern, indem sie ihren selbstgedrehten Vampir-Stummfilm zeigen – leider erfolglos. Durch Zufall findet Tom in Veits **Rucksa___ (k/ck)** Postkarten von **de____en (s/ss)** Vater. Der ist, als Veit zwölf war, aus der DDR geflohen und schickt ihm seitdem zu jedem Geburtstag eine **Ka____te (r/rr)** aus San Francisco. Jetzt wird **kla___ (r/rr)**, warum Veit sich wirklich auf diese Reise gemacht hat: Er möchte seinen Vater sehen.

Der **Fi____m (l/ll)** ist eine deutsche **Komö___ie (d/dd)** von Markus Goller, mit Matthias Schweighöfer und Friedrich Mücke in den Hauptrollen. Er kam 2010 in die **Ki____os (n/nn)**.

Mit seinen zahlreichen, nicht immer anspruchsvollen Gags ist „Friendship!" alles **a____dere (n/nn)** als tiefgründig. Allerdings überzeugt der Film durch eine **kla____e (s/ss) Bese___ung (z/tz)** und einen gelungenen Soundtrack. Im Abspann spielen Silbermond ihr „Krieger des Lichts".

Name:

Lang oder kurz? Doppeln oder nicht?

Lies den Text über den Kinofilm „Friendship“ durch und fülle die Lücken.
Überlege dabei:
- Ist der betonte Vokal lang oder kurz?
- Wenn er kurz ist: Hörst du einen oder mehr Konsonanten danach?

Friendship!

Berli____ (n/nn) 1989. Veit und Tom, die in der DDR aufgewachsen sind, beschließen, nach San Francisco zu reisen. Sie **wo____en (l/ll)** die Golden Gate Bridge sehen, den **we___tlichsten (s/ss)** Punkt der **We____t (l/ll)**. Dort wären sie so weit wie **nu____ (r/rr)** möglich von der DDR **entfe____nt (r/rr)**. Doch leider reicht das Geld nur für einen **Flu___ (g/gg)** nach New York. Dorthin machen sich die beiden auf den **We____ (g/gg)**, mit ihren **Rucksä___en (k/ck)** und mit schlechten Englischkenntnissen. Am Flughafen begrüßen sie den Mann am **Scha____ter (l/ll)**, indem sie die **Ha____d (n/nn)** heben und „Friendship!“, also „Freundschaft“ sagen, wie sie es im sozialistischen Unterricht gelernt haben. Danach geht die **Rei___e (s/ss)** weiter: Per Anhalter fahren sie Richtung San Francisco, ein Comic-Zeichner mit einer **spezie____en (l/ll)** Vorliebe für Äpfel nimmt die beiden mit.

In einer **Ba____ (r/rr)** versuchen sie, ihre **Fina____zen (n/nn)** aufzubessern, indem sie einen selbstgedrehten Vampir-Stummfilm zeigen – leider **erfo___glos (l/ll)**. Dafür machen sie Bekanntschaft mit dem anderen Geschlecht. Doch die Nacht verläuft ebenfalls etwas anders, als erhofft.

Durch Zufall **fi___det (n/nn)** Tom in Veits Rucksack Postkarten von **de____en (s/ss)** Vater. Der ist, als Veit zwölf war, aus der DDR geflohen und schickt ihm seitdem zu jedem Geburtstag eine **Ka____te (r/rr)** aus San Francisco. Jetzt wird **kla___ (r/rr)**, warum Veit sich wirklich auf **die___e (s/ss)** Reise gemacht hat: Er möchte seinen Vater sehen.

Der **Fi____m (l/ll)** ist eine deutsche Komödie von Markus Goller, mit Matthias Schweighöfer und Friedrich Mücke in den Hauptrollen. Er kam 2010 in die **Ki____os (n/nn)**. Mit seinen zahlreichen, nicht immer anspruchsvollen Gags ist „Friendship!“ alles **a____dere (n/nn)** als tiefgründig. Allerdings überzeugt der Film durch eine **kla____e (s/ss) Bese____ung (z/tz)** und einen gelungenen Soundtrack. Im Abspann spielen Silbermond ihr „Krieger des Lichts“. Viele einfallsreiche **Sze____en (n/nn)** gibt es auch: Ein Höhepunkt ist die **Ste____e (l/ll)**, wo Veit und Tom bemalte Betonteile als Bruchstücke der Berliner Mauer in Silver City verkaufen.

Name:

Lang oder kurz? Doppeln oder nicht?

Lies den Text über den Kinofilm „Friendship" durch und fülle die Lücken. Überlege dabei:
- Ist der betonte Vokal lang oder kurz?
- Wenn er kurz ist: Hörst du einen oder mehr Konsonanten danach?

Friendship!

Berli____ (n/nn) 1989. Veit und Tom, die in der DDR aufgewachsen sind, beschließen, nach San Francisco zu reisen. Sie **wo____en (l/ll)** die Golden Gate Bridge sehen, den **we___tlichsten (s/ss)** Punkt der **We____t (l/ll)**. Dort wären sie so weit wie **nu____ (r/rr)** möglich von der DDR **entfe____nt (r/rr)**. Doch leider reicht das Geld nur für einen Flug nach New York. Dorthin machen sich die beiden auf den **We____ (g/gg)**, mit ihren **Rucksä___en (k/ck)** und mit schlechten Englischkenntnissen. Am Flughafen begrüßen sie den Mann am **Scha____ter (l/ll)**, indem sie die **Ha____d (n/nn)** heben und „Friendship!", also „Freundschaft" sagen, wie sie es im sozialistischen Unterricht gelernt haben. Ärger mit den **Behö___den (r/rr)** gibt es, als Tom und Veit sich als freie Kommunisten vorstellen. Danach geht die **Rei___e (s/ss)** weiter: Per Anhalter fahren sie Richtung San Francisco, ein Comic-Zeichner mit einer **spezie___en (l/ll)** Vorliebe für Äpfel nimmt die beiden mit. In einer **Ba____ (r/rr)** versuchen sie, ihre **Fina____zen (n/nn)** aufzubessern, indem sie einen selbstgedrehten Vampir-Stummfilm zeigen – leider erfolglos. Durch Zufall findet Tom in Veits Rucksack Postkarten von **de____en (s/ss)** Vater. Der ist, als Veit zwölf war, aus der DDR geflohen und schickt ihm seitdem zu jedem Geburtstag eine **Ka____te (r/rr)** aus San Francisco. Jetzt wird **kla___ (r/rr)**, warum Veit sich **wi___klich (r/rr)** auf diese Reise gemacht hat: Er möchte seinen Vater sehen. Doch bis dahin passiert noch einiges: Tom und Veit **tre____en (f/ff)** Biker, **erha___ten (l/ll)** ein Auto, das sie nach San Francisco bringen **so___en (l/ll)**, ohne in den Kofferraum zu schauen, machen Bekanntschaft mit der schönen Zoey und tun **a____erlei (l/ll)** verrückte Dinge, um ihre Portemonnaies zu **fü____en (l/ll)**. Der **Fi____m (l/ll)** ist eine deutsche Komödie von Markus Goller, mit Matthias Schweighöfer und Friedrich Mücke in den Hauptrollen. Er kam 2010 in die **Ki____os (n/nn)**. Mit seinen zahlreichen, nicht immer anspruchsvollen Gags ist „Friendship!" alles **a____dere (n/nn)** als tiefgründig. Allerdings überzeugt der **Fi____m (l/ll)** durch eine **kla____e (s/ss)** Besetzung und einen gelungenen Soundtrack. Viele einfallsreiche **Sze_____en (n/nn)** gibt es auch: Ein Höhepunkt ist die **Ste____e (l/ll)**, wo Veit und Tom in Silver City bemalte Betonteile als Bruchstücke der Berliner Mauer verkaufen.

Name:

Erkennen des betonten Vokals und seiner Länge und Kürze (Wiederholung)

Arbeitsaufgabe:

- **Im Kasten findest du ein-, zwei- und dreisilbige Wörter.**
- **Suche bei jedem Wort den betonten Vokal und bestimme, ob er lang oder kurz gesprochen wird.**
- **Schreibe jedes Wort in die richtige Spalte der Tabelle.**
- **Markiere den betonten Vokalbuchstaben mit dem Betonungszeichen ^.**

der Schimpanse, die Falle, die Kartoffel, der Arzt, das Entsetzen, der Ärger, der Beamte, kalt, der Indianer, die Verteidigung, der Acker, die Erinnerung, die Änderung, denken, beleidigt, der Eskimo, das Los, die Diskothek, der Gorilla, backen, der Gauner, der Kuss, kneifen, begründen, die Melone, die Familie, erschrecken, jeder, hell, der Ekel, der Betrug, das Zimmer, die Zitrone, das Alter, testen, der Charakter, die Zecke, die Dämmerung, der Doktor, die Konserve, das Geflügel, kitzeln

langer betonter Vokal, <u>ein</u> Konsonant folgt	**kurzer betonter Vokal, zwei <u>verschiedene</u> Konsonanten folgen**	**kurzer betonter Vokal, zwei <u>gleiche</u> Konsonanten folgen**

Name:

Komposita und betonte Vorsilben

Partnerdiktat:
- Lest euch gegenseitig jeweils die Hälfte des Textes vor.
- Die unterstrichenen Wörter werden wiederholt und vom Partner aufgeschrieben.
- Wie findet ihr bei Komposita und betonten Vorsilben die richtige Schreibung?

Deutschland – Kamerun

Mein Freund Adjatay und ich hatten durch einen glücklichen Zufall günstige Karten für das Spiel Deutschland gegen Kamerun ergattern können. Das Stadion war ausverkauft und die Stimmung großartig. Wir freuten uns wie die Schneekönige und konnten den Anpfiff kaum erwarten. Endlich ging es los. Zu Beginn dominierte Deutschland; schon in der 15. Minute bekam es die erste große Chance. Diese wurde auch direkt verwertet, und ehe man sich versah, zappelte der Ball im Netz. Danach kämpfte sich Kamerun zurück ins Spiel. Es entwickelte sich ein offener Schlagabtausch mit einigen spannenden Situationen. Kurz vor Ende der ersten Hälfte konnte Kamerun den Vorsprung egalisieren, und es ging mit einem Unentschieden in die Kabinen.
In der zweiten Hälfte verlor das Spiel an Dynamik, vor allem deshalb, weil die Leistung der Deutschen immer mehr nachließ. Ihr Unmut gegenüber der Darbietung ihrer Mannschaft veranlasste einige Fans, das gegnerische Team auszupfeifen. Die aggressive Haltung steigerte sich im Verlauf des zweiten Durchgangs, und nicht wenige deutsche Fans begleiteten jeden Ballbesitz der Kameruner mit einem entsetzlichen Affenlaut. Diese zeigten sich jedoch unbeeindruckt und trafen kurz vor Schluss per Fallrückzieher zum 2:1 und damit zum Sieg für Kamerun. Dieser letzte Treffer war für die Anhänger der deutschen Mannschaft zu viel. Sie grölten und pfiffen, und als wir das Stadion verließen, wurden wir Zeugen eines Übergriffs auf einige Kameruner Fans.

Rollenwechsel

Ein Mann wurde von einem Faustschlag getroffen und ging sofort zu Boden. Einem anderen wurde ein Bierkrug an den Kopf geworfen und wieder andere wurden bespuckt und beschimpft. Wir versuchten schnell zum Bahnhof zu kommen, um nach Hause zu fahren. Als wir dort ankamen, waren wir nicht mehr nur Zeugen, sondern wurden selbst zu Opfern. Eine Gruppe junger Männer ging bedrohlich auf meinen dunkelhäutigen Freund zu. Mir rutschte das Herz in die Hose. Trotzdem stellte ich mich neben Adjatay und machte ein möglichst entschlossenes Gesicht. Dies sahen die Männer als Verrat an ihrem heiligen Vaterland an und sie höhnten, dass ich es nicht wert wäre, einen deutschen Pass zu besitzen. Es gelang mir, ruhig zu bleiben und sie in eine Diskussion zu verwickeln. Dabei bemühte ich mich tunlichst, das Klappern meiner Zähne zu unterdrücken. Adjatay sah zu Boden und schwieg. Das war wohl auch das Klügste, was er tun konnte. Nach einer kleinen Ewigkeit gingen den wütenden deutschen Fans die Argumente aus und sie verloren offensichtlich das Interesse an uns. Lautstark fluchend und lästernd verkrümelten sie sich, auf der Suche nach einem neuen Opfer für ihre Streitlust.
Wir setzten uns mit butterweichen Knien Richtung Gleise in Bewegung. Noch im Zug war uns ganz schlecht vor Angst. Wir waren zwar mit dem Schrecken davongekommen, aber diese Begegnung hätte natürlich auch ganz anders ausgehen können.

Name:

Komposita: Vertiefen

Suche Dir für diese Übung einen Partner.

1. **Lest euch gegenseitig je sieben unterstrichene Komposita vor.**
2. **Der andere überlegt sich, wie bei Zusammensetzungen vorgegangen werden muss, um die richtige Schreibung herauszufinden.**
3. **Dann schreibt er die Wörter auf.**

Wraps

Ist heute vielleicht ein heißer Sommertag? Dann ist dieses Kochrezept der Renner! Aber auch im Winter kann sich ein Schleckermaul die Wraps schmecken lassen. Du benötigst 75g normales Weizenmehl und 75g Weizenmehl aus Vollkorn, 400 ml Milch, einen Esslöffel Olivenöl und eine Prise Meersalz. Das alles verrührst du zu einem glatten Teig, den du 10 Minuten quellen lässt. Dann nimmst du eine beschichtete Bratpfanne.

Verteile eine dünne Schicht Öl darin und brate aus dem Teig acht dünne Pfannkuchen. Dann schneidest du eine Paprikaschote in feine Streifen, putzt acht Salatblätter und bestreichst jeden Pfannkuchen mit einem Esslöffel Frischkäse. Die werden dann mit je einem Salatblatt, zwei Scheiben Lachsschinken und einer Scheibe Gouda belegt – die Paprika kommt in die Mitte. Jetzt wird das Ganze zu Wraps zusammengerollt und gegessen. Guten Appetit!

4. **Prüft, ob ihr alles richtig geschrieben habt.**
5. **Besprecht die Fehler:**

- An welcher Stelle des Wortes ist der Fehler?
- Warum kann die Schreibung an dieser Stelle so nicht richtig sein?
- Welche Regel hilft hier?
- Wiederholt noch einmal die Regeln.

Name:

Sonderfälle: Vorsilbe miss- und Plural von Nomen auf -in und -nis

In Vor- und Nachsilben gibt es normalerweise *keine* Dopplungen.

Hier lernst du drei Ausnahmen von dieser Regel:

1. In der Vorsilbe **miss-** wird gedoppelt: Mi**ss**verständnis
2. Im Plural von Nomen auf **-is** wird gedoppelt: Geheimnis, Geheimni**ss**e
3. Im Plural von Nomen auf **-in** wird gedoppelt: Lehrerin, Lehreri**nn**en

Aufgabe 1:
- Suche nach fünf Wörtern, die die Vorsilbe miss- haben und schreibe sie auf.
- Wenn dir nichts einfällt, nimm ein Wörterbuch zu Hilfe.
- Male dann den Doppelkonsonanten **ss** in der Vorsilbe rot nach.

Aufgabe 2:
- Suche nach fünf Nomen, die auf -nis enden und schreibe sie auf.
- Bilde dann zu jedem Nomen den Plural und male den Doppelkonsonanten **ss** rot nach.

Einzahl:

Mehrzahl:

Aufgabe 3:
- Suche nach fünf Nomen, die auf -in enden und schreibe sie auf.
- Bilde dann zu jedem Nomen den Plural und male den Doppelkonsonanten **nn** rot nach.

Einzahl:

Mehrzahl:

Name:

Unechte Dopplungen

Achtung bei Wörtern mit Vorsilben:

Wenn du Vorsilbe mit Stammwort verbindest, können **„unechte Dopplungen“** entstehen:

au**s**- + **s**tellen = au**ss**tellen

Aufgabe 1:
Markiere bei den Stammwörtern in der mittleren Spalte den Betonungsgipfel mit einem ^ .

Aufgabe 2:
- Bilde jetzt aus den Vorsilben links und den Stammwörtern in der Mitte Wörter mit **unechten** Dopplungen und schreibe sie in die rechte Spalte.
- Achte darauf, welche Vorsilben zu welchen Stammwörtern passen!
- Die meisten Vorsilben wirst du mehrmals verwenden.
- Achte auch auf die Großschreibung.

Noch ein Hinweis: Es lassen sich auch Wörter wie „aufrücken“ bilden; die zählen hier aber nicht, da keine unechte Dopplung darin vorkommt.

Vorsilben	Stammwörter	Wörter mit unechter Dopplung
ab- auf- aus- ein- ent- er- herum- mit- ver- vor- zer-	meckern reißen Rat teilen tarnen rücken blitzen renken nehmen biegen sagen fordern riegeln reiben raten nähen fangen	______ ______

Name:

Unechte Dopplungen

> Achtung bei Wörtern mit Vorsilben:
>
> Wenn du Vorsilbe mit Stammwort verbindest, können **„unechte Dopplungen“** entstehen:
>
> **ab**- + **br**echen = **abbr**echen

Aufgabe 1:
Markiere bei den Stammwörtern in der mittleren Spalte den Betonungsgipfel mit einem ^ .

Aufgabe 2:
- Bilde jetzt aus den Vorsilben links und den Stammwörtern in der Mitte Wörter mit **unechten** Dopplungen und schreibe sie in die rechte Spalte.
- Achte darauf, welche Vorsilben zu welchen Stammwörtern passen!
- Die meisten Vorsilben wirst du mehrmals verwenden.

Noch ein Hinweis: Es lassen sich auch Wörter wie „aufrücken“ bilden; das zählt hier aber nicht, da keine unechte Dopplung darin vorkommt.

Vorsilben	Stammwörter		Wörter mit unechter Dopplung	
ab-	rupfen	buchen	____________	____________
auf-	regen		____________	____________
aus-	Fahrt	Reiter	____________	____________
ein-	saugen	richten	____________	____________
ent-	Teilung	nicken	____________	____________
um-	blocken		____________	____________
her-	Rat	rinnen	____________	____________
mit-	mauern	tarnen	____________	____________
ver-	nisten	senden	____________	____________
vor-		rechnen	____________	____________
zer-	Rang	riegeln	____________	____________
			____________	____________

Name:

Unechte Dopplungen

> Achtung bei Wörtern mit Vorsilben:
>
> Wenn du Vorsilbe mit Stammwort verbindest, können **„unechte Dopplungen"** entstehen:
>
> ve**r**- + **r**innen = ve**rr**innen

Aufgabe 1:
Markiere bei den Stammwörtern in der mittleren Spalte den Betonungsgipfel mit einem ^ .

Aufgabe 2:
- Bilde jetzt aus den Vorsilben links und den Stammwörtern in der Mitte Wörter mit **unechten** Dopplungen und schreibe sie in die rechte Spalte.
- Achte darauf, welche Vorsilben zu welchen Stammwörtern passen!
- Die meisten Vorsilben wirst du mehrmals verwenden.

Noch ein Hinweis: Es lassen sich auch Wörter wie „aufrücken" bilden; das zählt hier aber nicht, da keine unechte Dopplung darin vorkommt.

Vorsilben	Stammwörter	Wörter mit unechter Dopplung
ab-	Satz blenden	______ ______ ______ ______
auf-	-sage retten	______ ______
aus-	tarnen -röten	______ ______
ein-	Recht Ruf	______ ______ ______ ______
ent-	nässen Rang	______ ______
er-	-nahme	______ ______
mit-	Fassung	______ ______
ver-	-teilsam -roht	______ ______ ______ ______
vor-	-forsten Bitte	______ ______

Name:

Wiederholung aller bisher gelernten Regeln: Quiz (Seite 1)

Wer wird Dopplungsmillionär?

- Jetzt kannst du zeigen, wie viel du mittlerweile über die Dopplung weißt.
- Suche dir Mitspieler, die auch gerade an der Dopplungssequenz arbeiten.
- Jeder beantwortet für sich die Fragen.
- Am Ende gibt es Punkte für jede richtige Antwort. Wer die meisten Punkte hat, gewinnt.

Los geht's!

1. Frage: (1 Punkt)
Wie viele Betonungsgipfel können in einem Wort vorkommen?
a) einer
b) zwei
c) drei

2. Frage: (1 Punkt)
Wo befindet sich der Betonungsgipfel in deutschen Wörtern meistens?
a) In der ersten Silbe
b) In der zweiten Silbe
c) In der dritten Silbe

3. Frage: (1 Punkt)
Wo kann der Betonungsgipfel in Fremdwörtern stehen?
a) In der ersten Silbe
b) In der zweiten Silbe
c) In jeder Silbe

4. Frage: (1 Punkt)
Nach welchem Buchstaben kann ein doppelter Konsonant stehen?
a) Nach einem kurzen Vokal
b) Nach einem langen Vokal
c) Nach einem Konsonanten

5. Frage: (1 Punkt)
Kann ein Doppelkonsonant nach unbetonten Vokalen stehen?
a) Ja
b) Nein

6. Frage: (1 Punkt)
Kann ein Doppelkonsonant nach Zwielauten vorkommen?
a) Ja
b) Nein

Name:

Wiederholung aller bisher gelernten Regeln: Quiz (Seite 2)

7. Frage: (1 Punkt)
Was machst du, wenn die Vorsilbe eines Wortes betont ist?

____

8. Frage: (1 Punkt)
In welchem Wort steckt eine „unechte“ Dopplung?

a) Kessel
b) Katze
c) Mücke
d) Fahrrad

9. Frage: (je 1 Punkt)
Wie doppelt man k und z?

____

10. Frage: (je 1 Punkt)
In Vor- und Nachsilben kommt normalerweise keine Dopplung vor. Aber es gibt drei Ausnahmen. Welche sind das?

____

11. Frage: (1 Punkt für jedes richtige Wort mit richtiger Betonung)
Finde 5 Wörter mit Doppelkonsonant und setze das Zeichen ^ für den betonten Vokal.

____

____

12. Frage: (3 Punkte für jeden richtigen Schritt)
Wie gehst du vor, wenn du herausfinden willst, ob in einem Wort gedoppelt wird?

a) ____

b) ____

c) ____

d) ____

Name:

Problemerkennung: Gebeugte Wörter

1. **Im Text sind gebeugte Verbformen und Adjektive im Superlativ unterstrichen.**
2. **Markiere den betonten Vokal.**
3. **Wie lassen sich hier die gedoppelten Konsonanten mit der Grundregel zur Dopplung in Einklang bringen? Notiere deine Überlegungen.**

Wer war eigentlich Albrecht Dürer?

Albrecht Dürer gilt als einer der bekanntesten deutschen Maler. Er wirkte zur Zeit der Renaissance. Albrecht Dürer wurde am 21. Mai 1471 in Nürnberg geboren. Sein Vater stammte aus Ajtòsfalva in Ungarn. Als der nach Deutschland kam, übersetzte er seinen Nachnamen „Ajtós“ (= Türmacher, von “ajtó" = Tür) ins Deutsche und nannte sich fortan „Thürer“. Es war früher üblich, dass man seinen Familiennamen je nach Beruf oder, wenn man noch keinen hatte, nach seinem Heimatort wählte. Der fränkische Dialekt machte dann aus Thürer „Dürer“. Der junge Albrecht Dürer wurde zuerst in der Werkstatt seines Vaters zum Goldschmied ausgebildet. Doch schon früh entdeckte er die Malerei: Sein erstes Selbstporträt schuf er im Alter von 13 Jahren. Mit 16 Jahren lernte er in einer Malerwerkstatt und ging drei Jahre später auf Gesellenwanderung. Als 1494 die Pest nach Nürnberg kam, packte er seine Koffer und reiste nach Italien. Im Mai 1495 kehrte er nach Nürnberg zurück und richtete sich dort bald eine eigene Werkstatt ein. Er fertigte Holzschnitte und Kupferstiche an und malte Landschaftsbilder, Porträts und vieles mehr.

Zehn Jahre nach seiner ersten Italienreise lockte Dürer das südliche Land noch einmal. Er schaffte es bis Venedig, wo er für einige Zeit blieb und viele wichtige Eindrücke sammeln konnte. Im Jahr 1520 hielt er sich dann zusammen mit seiner Frau ein ganzes Jahr in den Niederlanden auf. Dort feierte er große Triumphe, zog sich allerdings auch eine der schlimmsten Krankheiten überhaupt zu, nämlich Malaria. Vermutlich an den Folgen dieser Krankheit musste er am 06. April 1528 sterben.

Albrecht Dürer hinterließ der Welt nicht nur seine Bilder: Er schrieb auch Gedichte und Bücher über Geometrie, Malerei und die Lehre von den Proportionen des menschlichen Körpers. Er wusste viel über Mathematik und gehörte einem Kreis von Humanisten an. Er hatte größten Einfluss auf andere Künstler in Europa und war geschäftlich erfolgreich. Viele seiner Werke konnte er zu hohen Preisen verkaufen. Die Holzschnitte und Kupferstiche ließen sich beliebig oft vervielfältigen und illustrierten viele Bücher. Zu seinen berühmtesten Werken zählen seine Selbstbildnisse, das Aquarell „Junger Feldhase“ und die drei Meisterstiche: die Kupferstiche „Ritter, Tod und Teufel“, „Hieronymus im Gehäus“ und „Melencolia I“.

____

____

____

Name:

Gebeugte Wörter: Vertiefen

Denke daran:

Ein gedoppelter Konsonantenbuchstabe wird in die gebeugten Wortformen übernommen, wenn der betonte Vokal kurz bleibt.

Setze die Verben ins Präteritum und Perfekt. Achte dabei auf die Dopplung.

Grundform:	Präteritum:	Perfekt:
ticken	er tickte	er hat getickt
schnappen	______________	______________
flennen	______________	______________
brummen	______________	______________
vermissen	______________	______________
bellen	______________	______________
kläffen	______________	______________
irren	______________	______________

Bilde die Grundform der Verben und markiere den betonten Vokal mit ^.

er summt	sûmmen	es hat geklappt	______________
du kennst	______________	es hat gepasst	______________
sie spuckt	______________	du fällst	______________
ihr flitzt	______________	es knallte	______________
sie hackten	______________	es brennt	______________
sie gurrte	______________	sie hat gehofft	______________

Name:

Stark gebeugte Verbformen (Text)

1. Lies den Text und setze die eingeklammerten Verben ins Präteritum.

Im Freibad

Es war ein heißer Sommertag im Juni. Tim fuhr in der sengenden Sonne Waveboard vor seinem Haus. Aber die Hitze machte ihm zu schaffen. Lieber (wollen) ______________ er das kühle Nass aufsuchen und fuhr ins Freibad. Die Sonne ließ die Wellen im Becken glitzern. Tim sprang hinein und (schwimmen) ______________ erst einmal ein paar Bahnen. Dann (strecken) ______________ er sich am Beckenrand aus und schaute sich um. Sein Blick fiel auf eine Schönheit sondergleichen. Sie hatte langes, helles Haar und trug eine Sonnenbrille. Am meisten gefiel ihm ihr niedliches Gesicht. Er winkte ihr zu, doch (gewinnen) ______________ er damit nicht ihre Aufmerksamkeit. Wie (sollen) ______________ er sie auch beeindrucken mit seinem pickeligen Gesicht? Er winkte ihr noch einmal und rief „Auf Tauchstation!“. Dann verschwand er unter Wasser und (hocken) ______________ sich auf den Beckenboden. „Yes!“, dachte er bei sich, denn sie hatte den Kopf gedreht und zu ihm herübergeschaut. Hier unten klang alles dumpf und hohl, wie aus weiter Ferne drangen der Lärm der Kinder und die Rufe des Eisverkäufers zu ihm. Tim (schaffen) ______________ es, über eine Minute unter Wasser zu bleiben. Als er aber wieder auftauchte, schaute die Schönheit gar nicht mehr in seine Richtung. Tim war enttäuscht. Trotzdem er gab nicht auf. Irgendwie (müssen) ______________ es doch klappen. Und er (wissen) ______________ auch wie: Er (rennen) ______________ zum Eisstand, um zwei Eis am Stiel zu kaufen, und (hoffen) ______________, sie damit zu überraschen. Er ging zu ihr hinüber, (schlucken) ______________ noch einmal beim Anblick ihrer Beine und (fassen) ______________ sich dann ein Herz. „Hier, für dich!“, sagte er, als er bei ihr (ankommen) ______________. Sie schaute zu ihm hoch, sagte: „Hallo?“, und machte keine Anstalten, nach dem Eis zu greifen. Mit Nachdruck hielt er ihr es unter die Nase und sagte noch einmal: „Für dich!“ Als ihre Hand ins Leere tastete, wurde ihm klar, dass seine Angebetete blind war. Sie (können) ______________ das Eis gar nicht sehen. „Wer ist da?“, fragte sie. Er (stellen) ______________ sich ihr vor, gab ihr das Eis in die Hand und sie unterhielten sich lange. Sie hörten gemeinsam MP3s auf ihrem Player, und als Tim nach Hause fuhr, hatte er Herzklopfen und ihre Handynummer in der Tasche. Er (brennen) ______________ darauf, sie wiederzusehen. So (beginnen) ______________ eine außergewöhnliche Freundschaft.

2. Bei welchen Wörtern musstest du aufpassen und warum?

____

____

Name:

Wiederholung aller bisher gelernten Regeln (Seite 1)

1. Aufgabe:
Lies den Text „Heavy Metal“ durch und setze die fehlenden Buchstaben ein.

Heavy Metal

Die Herkunft des Begri___es (f/ff) „Heavy Metal“ ist unklar. „Heavy Metal“ (engl. „Schwermetall“) bezeichnet eine Musi___richtung (k/ck), die Ende der 70er Jahre in London aus dem Hardrock und Punk entsta___den (n/nn) ist. Somit waren Bands und Stars wie Led Zeppelin, Deep Purple und Alice Cooper wichtige Vo___eiter (r/rr) des Heavy Metal. Die erste echte Heavy Metal-Band war Black Sabbath.

Um 1980 sprach man von einer „New Wave of British Heavy Metal“ – einer neuen We___e (l/ll) des britischen Heavy Metal, bei der Bands wie Iron Maiden, Motörhead, Saxon und Def Leppard beka___t (n/nn) wurden.

Während der 80er Jahre tei___te (l/ll) sich die Bewegung in sogena___te (n/nn) Subgenres auf. Da gab es Thrash Metal (Slayer, oder die deutschen Bands Kreator und Sodom), Speed Metal und Black Metal (Venom). Der Begriff „Heavy Metal“ wird seitdem nur noch für die traditione___e (l/ll) Richtung des Metal verwendet.

In den 90er Jahren dominierten die Richtungen *Dark Metal* und *Gothic Metal* mit ihrem schweren, tragenden Klang, *Death Metal*, der sich an den vielen Ta___twechseln (k/ck) erke___en (n/nn) lä___t (s/ss), und der norwegische *Black Metal.* Heute sind Bands wie Korn, Slipknot und Limp Bizkit beka___t (n/nn), bei denen sich Einflüsse von Hip Hop und Hardcore erke___en (n/nn) lassen; man spricht auch von *Nu Metal.*

Kennzeichen der Musik sind sägende Gita___en-Riffs (r/rr), untermalt von einem dröhnenden Bass und Gita___ensoli (r/rr). Der Gesang reicht von melodischem Gesa___g (n/nn) mit hoher Stimme bis hin zu heiseren und düster-bedrohlichen „Growls“. Und natürlich darf das Schlagzeug nicht fehlen. Nicht selten hört man Mi___klänge (s/ss).

Name:

Wiederholung aller bisher gelernten Regeln (Seite 2)

Wie bei jeder Musik gehö___t (r/rr) auch zum Metal ein besonderes Lebensgefühl. Metalfans mögen ihren Individualismus und ihre Freiheit. Sie möchten au___allen (f/ff) und anders sein. Heutzutage trä___t (g/gg) nicht jeder „Metalhead" lange Haare und eine Leder- oder Jeanskluft mit hundert Aufnähern. Aber an den T-Shirts mit Aufdrucken ihrer Lieblingsbands sind die Fans nach wie vor zu erke___en (n/nn).

„Metaller" pfle___en (g/gg) feste Rituale, wie das „Headbangen", das Zeigen der Hand mit ausgestre___tem (k/ck) Zeige- und kleinen Finger (das war früher ein Zauber gegen den Bösen Blick) und das „Stagediven" und „Moshen" auf Konzerten. Dabei kann es in einer „Moshpit" sehr wi___d (l/ll) zugehen, wenn die Fans durcheinander und gegeneinander spri___gen (n/nn), um sich schlagen und schu___sen (b/bb). Jedoch wird niemand gezwungen, dabei mitzumachen, und wer hinfällt, beko___t (m/mm) von allen Seiten he___fende (l/ll) Hände gereicht. Metalfans mögen Konzerte und plaudern gern über ihre dortigen Erlebni___e (s/ss).

Die Metalszene gi___t (l/ll) als reine Männerdomäne, aber die Sängeri___en (n/nn) Doro und Tarja zeigen, dass auch Frauen etwas von Metal verstehen.

Die Texte von Metalsongs handeln o___t (f/ff) von Gewalt und Zerstörung, von trüben Gedanken und negativen Gefühlen. Dazu passen Pla___encover (t/tt), die Gewaltszenen, Skele___e (t/tt), düstere Landschaften und okkulte Symbo___e (l/ll) zeigen. Viele Bands haben Maskottchen, wie Iron Maiden ihren Zo___bie (m/mm) „Eddie". Aus diesen Gründen wirkt die Metalszene auf andere oft abschre___end (k/ck) oder bedrohlich.

2. Aufgabe: Schau dir jetzt die Lösung an.

- Wenn du alles richtig hast: Gratulation!
- Wenn ein paar Fehler passiert sind: Das ist nicht so schlimm.
- Ordne aber dann jedes Wort, das du falsch geschrieben hast, in die richtige Kategorie ein und befolge die Anweisung in der Tabelle auf dem nächsten Blatt.
- Achtung: Manche Wörter passen in mehrere Kategorien!

Name:

Wiederholung aller bisher gelernten Regeln (Seite 3)

Tabelle:

Zusammensetzungen	**Schwach gebeugte Verben**	**Stark gebeugte Verben**
Beispiel: Kopfsalat Untersuche hier jedes Teilwort auf den Betonungsgipfel: Kôpf, Salât	Beispiel: Er kommt Bilde hier die Grundform und bestimme den Betonungsgipfel: kômmen	Beispiel: Sie hat gesungen Bilde hier die Grundform und bestimme den Betonungsgipfel: sîngen
unechte Dopplungen	**Vorsilbe miss-, Nachsilben -nisse und -innen**	**Betonte Vorsilben**
Beispiel: Vorrecht Trenne hier die Vorsilbe ab: Vor-Rêcht	Hier wird immer gedoppelt.	Beispiel: ausbilden Trenne hier die Vorsilbe ab und bestimme den Betonungsgipfel am Restwort: aus-bîlden

Sonstige Wörter **Bestimme den Betonungsgipfel und die Länge oder Kürze des betonten Vokals.**		
Langer betonter Vokal: Ein Konsonant folgt.	Kurzer betonter Vokal: Zwei verschiedene Konsonanten folgen.	Kurzer betonter Vokal: Ein Doppelkonsonant folgt.

Name:

Ausnahmewörter lernen

Ausnahmen bestätigen die Regel!
Leider gibt es einige Wörter, auf die die Dopplungsregel *nicht* zutrifft:

Hier sind die wichtigsten Ausnahmewörter aufgelistet.
Merke sie dir gut.

Kleine Wörter mit grammatischer Funktion → keine Dopplung trotz des kurzen Vokals:

im, in, am, an
vom, von
um, zum
ab, ob
das, was
bis, mit
man
ich bin
er hat

Merkwörter mit besonderer Dopplung im Plural:

der Bus	→ die Bu**ss**e
die Ananas	→ die Anana**ss**e
der Kürbis	→ die Kürbi**ss**e
der Atlas	→ die Atla**ss**e
der Globus	→ die Globu**ss**e
der Iltis	→ die Ilti**ss**e
der Albatros	→ die Albatro**ss**e

Schwer ableitbare Wörter:

allein
vielleicht
plötzlich
jetzt

Name:

Wiederholung von Regeln und Ausnahmen

Prüfe, was du dir über die Dopplung merken konntest:

1. Warum wird das „m“ in „Limonade“ nicht gedoppelt?

____

2. Wie werden z und k gedoppelt? Schreibe je ein Beispielwort auf.

______________ ______________

3. Nenne ein Wort mit betonter Vorsilbe.
   Was musst du tun, wenn du herausfinden willst, ob in diesem Wort gedoppelt wird?

____

____

4. In Vor- und Nachsilben wird normalerweise nicht gedoppelt. Nenne die drei Ausnahmen.

______________ ______________ ______________

5. Was sind unechte Dopplungen? Nenne ein Beispiel.

____

____

6. Bilde die dritte Person Singular Präsens von „treffen“. Bilde dann das Präteritum und das Perfekt. Erkläre zu jeder der drei Formen, warum gedoppelt wird bzw. warum nicht.

____

____

____

7. Gib ein Beispiel für eine Zusammensetzung (ein Kompositum).
   Was musst du tun, wenn du herausfinden willst, ob und wo in diesem Wort gedoppelt wird?

____

8. Nenne 10 Ausnahme-Wörter, auf die die Dopplungsregel nicht zutrifft.

____

____

Name:

Ausnahmewörter: Fremdwörter ohne Dopplung

Fremdwörter unterliegen leider nicht immer den Dopplungsregeln.
Hier bleibt dir nur übrig, die Ausnahmen auswendig zu lernen.

1. Aufgabe:

- Schreibe die Fremdwörter ohne Dopplung auf kleine Zettel und lerne sie auswendig.
- Hebe die Zettel in einer Streichholzschachtel auf, die du vorher beschriftet hast.

Einsilbige Fremdwörter ohne Dopplung:

fit	(aber: fitter)
Job	(aber: jobben)
Chef	
Klub	
Bus	(aber: die Busse)
Pop	(aber: poppig)
Chip	(aber: chippen)
Gag	
Grog	
Mob	
Slip	
top	(aber: toppen)

Mehrsilbige Fremdwörter ohne Dopplung:

April
Kapitel
Roboter
mini
Ananas
Hotel
Kamera
City
Limit

Suche dir für diese beiden Übungen einen Partner.

2. Aufgabe: Kreativität ist gefragt!

- Schreibt eine kurze Geschichte.
- Jeder formuliert abwechselnd einen Satz, in dem ein Merkwort vorkommt.

3. Aufgabe: Wer ist der Profi im Merkwörter-Lernen?

- Deckt die Merkwörter und eure Geschichte ab.
- Abwechselnd nennt ihr ein Merkwort.
- Der, dem zuerst keines mehr einfällt, verliert.
- Wiederholt das Spiel, bis ihr es einmal geschafft habt, alle Merkwörter auswendig zu nennen.

Name:

Ausnahmewörter: Fremdwörter mit Dopplung nach unbetontem Vokal

Auch hier trifft die Dopplungsregel nicht zu:
Es geht um Fremdwörter, die eine Dopplung nach einem <u>un</u>betonten Vokal haben.

die Mi**ll**ion	die A**ll**ee	der Kompa**ss**
die Mi**ll**iarde	der Ka**ff**ee	intere**ss**ant
der Pu**ll**over	die Lo**tt**erie	der Ko**ll**ege
die Ba**tt**erie	das Porze**ll**an	ko**rr**ekt
der A**pp**arat	die **Ill**usion	das Abo**nn**ement
der A**pp**etit	para**ll**el	die Ko**mm**une
die Gra**mm**atik	der A**kk**ord	die Para**ll**ele
die Di**ff**erenz	die A**tt**raktion	bri**ll**ant
die A**dd**ition	a**tt**raktiv	die Konku**rr**enz
das Ko**mm**ando	das A**tt**est	die Sy**mm**etrie
die Ko**mm**ode	der Sate**ll**it	das Fo**ss**il

1. Aufgabe:
- Schreibe die Fremdwörter mit ihrer deutschen Übersetzung in dein Heft.
- Wenn du bei einigen Wörtern die Bedeutung nicht weißt, schlage im Wörterbuch nach.

2. Aufgabe:
- Schreibe einen Text, in dem 12 von den Fremdwörtern vorkommen.
- Wenn du den Text geschrieben hast, unterstreichst du diese Wörter.

3. Aufgabe:

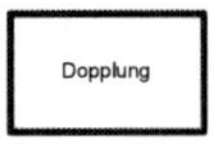

- Schneide jetzt 34 Papierkärtchen so zu, dass sie in eine Streichholzschachtel passen.
- Schreibe auf ein Kärtchen „Dopplung nach unbetontem Vokal“ und klebe es auf die Schachtel.
- Beschrifte die anderen Kärtchen mit den Fremdwörtern und ihrer deutschen Übersetzung.
- Bewahre die Kärtchen in der Streichholzschachtel auf.

4. Aufgabe:
- Suche dir elf Kärtchen aus und lerne die Wörter auswendig.
- Am nächsten Tag lernst du die nächsten 11 Wörter.
- Am dritten Tag hast du dann noch die restlichen 11 Wörter zu lernen.

Name:

Ausnahmewörter: Fremdwörter mit zwei Dopplungen

Bei diesen Fremdwörtern wird gleich zweimal gedoppelt:

das Ballett	der Kommissar
die Kassette	die Attrappe
das Karussell	der Appell
die Terrasse	intellektuell

Graffiti

Jeder kennt sie: Graffiti prangen an Häuserwänden, Zugwaggons und in Unterführungen. Wusstest du, dass „Graffiti" bereits im Plural steht und von dem italienischen Wort „graffito" stammt, das sich wiederum von dem griechischen Wort für *schreiben*, „graphein", ableitet?
Die am weitesten verbreitete Form von Graffiti ist das „writing". Der Sprayer versucht, sein gut gestaltetes Pseudonym an möglichst vielen Orten zu hinterlassen.
Natürlich ist es illegal, im öffentlichen Raum Wände zu besprühen. Es gibt ganze Gangs, die mit solchen Signaturen ihr Revier markieren.
Graffiti hat sich in den achtziger Jahren zu einer echten Kunstform entwickelt. Da gibt es leuchtend bunte Schriftzüge und riesige Bilder, die so manche graue Wand zieren. „Spray the grey away" lautet ein Slogan. Graffiti können aber auch Klosprüche, politische Forderungen wie „Palästina bleibt" oder „Save the wales" oder Gaunerzinken sein. Gaunerzinken sind Geheimzeichen, die zur Übermittlung von Botschaften dienen.

1. Aufgabe:

- Male aus jedem der im Kasten genannten Wörter ein buntes Graffito.
- Umkreise danach bei jedem Wort die beiden Doppelkonsonanten.

2. Aufgabe:
- Decke deine Graffiti jetzt zu.
- Versuche, alle Wörter auswendig aufzusagen. Wiederhole das, bis du es 3-mal geschafft hast.

3. Aufgabe:
- Schneide jetzt 8 Papierkärtchen so zu, dass sie in eine Streichholzschachtel passen.
- Schreibe auf ein Kärtchen „Wörter mit zwei Dopplungen" und klebe es auf die Schachtel.

4. Aufgabe:
- Notiere die Merkwörter auf den anderen Kärtchen und hebe sie in der Schachtel auf.
- Lass sie dir in regelmäßigen Abständen diktieren, bis du sie wirklich gut schreiben kannst.

Name:

Automatisierung aller gelernten Regeln: Diktat

Coraline

Name:

Informeller Abschlusstest (Seite 1)

Abschlusstest zur Dopplung
- Hier kannst du zeigen, ob du die Regeln zur Dopplung verstanden hast.
- Bearbeite nacheinander die Aufgaben.
- Schau dir danach die Lösung an und besprich das Ergebnis mit deinem Lehrer.

1. Wie musst du vorgehen, wenn du herausfinden willst, ob in einem Wort Konsonanten gedoppelt werden oder nicht?

1. Schritt: ______________________________

2. Schritt: ______________________________

3. Schritt: ______________________________

2. Ordne jedes dieser Wörter in die richtige Kategorie ein: Kastanie, zwicken, Kante

Langer betonter Vokal, ein Konsonant folgt	Kurzer betonter Vokal, *zwei* verschiedene Konsonanten folgen	Kurzer betonter Vokal, *ein* Doppelkonsonant folgt

3. Welches dieser Wörter hat eine betonte Vorsilbe? Unterstreiche.

versagen, anbrennen, ertappen

4. Wie musst du vorgehen, wenn du herausfinden willst, ob in einem Wort mit betonter Vorsilbe gedoppelt wird? Zeige es an dem Beispiel aus Aufgabe 3.

____

5. Doppeln oder nicht?

Kellneri___ (n/nn) Sachbearbeiteri___en (n/nn)

Mi___trauen (s/ss) Geheimni___e (s/ss) Wagni___ (s/ss)

6. In welchem dieser Wörter steckt eine unechte Dopplung? Unterstreiche.

Schabracke, verraten, schnorren

Name:

Informeller Abschlusstest (Seite 2)

7. Suche für die Lückenwörter die richtige Schreibung:

Wiedersehen

Er ka___te (n/nn) Anna. Sie ka___ (m/mm) aus Wien.

Er war erfreut, als er sie im Café tra___ (f/ff).

Er ko___te (n/nn) danach an nichts anderes mehr denken

und ho___te (f/ff) auf ein erneutes Wiedersehen.

8. Wie musst du vorgehen, wenn du bei Zusammensetzungen herausfinden willst, ob gedoppelt wird oder nicht? Führe es an folgendem Beispielwort vor:

Metallkette

____

9. Suche für jedes Wort die richtige Schreibung:

je___t (z/tz) plö___lich (z/tz) a___ein (l/ll) vie___eicht (l/ll)

10. Suche auch hier für jedes Wort die richtige Schreibung:

Che___ (f/ff) Robo___er (t/tt) Mi___ikleid (n/nn) A___anas (n/nn) Jo___ (b/bb)

11. Und wieder einmal wird für jedes Wort die richtige Schreibung gesucht:

Sy____etrie (m/mm) Fo___il (s/ss) Porze___an (l/ll)

Gra____atik (m/mm) Ko____ando (m/mm)

12. Ein letztes Mal wird für jedes Wort die richtige Schreibung gesucht:

Karu___e___ (s/ss; l/ll) Ko____i___ar (m/mm; s/ss)

A___ra___e (t/tt; p/pp) Te___a___e (r/rr; s/ss)

Lösungen zur Dopplung

Problemerkennung: Wann sind doppelte Konsonanten-BS zu schreiben?

<u>Hinweis für den Lehrenden:</u>

Der Schüler soll auf die basale Regel zur Dopplung hingeführt werden. Die Regel lautet:

Nach einem kurzen betonten Vokal müssen mindestens zwei Konsonanten folgen.
Hört man nur einen, wird er (schriftlich) verdoppelt.

Voraussetzung für den Themenbereich „Dopplung" ist, dass die Übungen zur Betonung und zur Länge und Kürze mit Erfolg absolviert wurden, da darauf die weitere Didaktik aufbaut.

Die Lösungen müssen gemeinsam mit der Lehrkraft besprochen werden, da sie den Grundpfeiler für das Verstehen der Regularitäten zur Dopplung bilden.

Aufgabe 1:
Setze bei den Wörtern in den Kästen den Betonungsgipfel ^:

Aufgabe 2:
Wie werden diese betonten Vokale gesprochen:

lang? [ ] kurz? [x]

Aufgabe 3:
Zähle jetzt die Konsonanten, die auf den betonten Vokal folgen. [2]

Aufgabe 4:
Sprich dir die Wörter laut vor und prüfe: Wie viele Konsonanten *<u>hörst</u>* du nach dem betonten Vokal...

...bei den Wörtern im ersten Kasten: [2]

...bei den Wörtern im zweiten Kasten: [1]

Aufgabe 5:
Findest du für jeden Kasten die passende Überschrift?

Zwei <u>verschiedene</u> Konsonantenbuchstaben nach kurzem Vokal	Zwei <u>gleiche</u> Konsonantenbuchstaben nach kurzem Vokal
Hêmd (kurz)	kâmmen (kurz)
Krâft (kurz)	klâffen (kurz)
Kâsten (kurz)	Kâsse (kurz)
Wâld (kurz)	Wâll (kurz)
Tânte (kurz)	Tânne (kurz)
hâlten (kurz)	Hâlle (kurz)
wînzig (kurz)	gewînnen (kurz)

Grundregel anwenden (Lückentext)

Hinweis für den Lehrenden:
Die Grundregel zur Dopplung lautet:

Nach einem kurzen betonten Vokal müssen zwei Konsonanten folgen: Lift.
Hört man nur einen, wird er verdoppelt: Schiff.

Diese Regel gilt für alle **un**gebeugten Wortformen.
Bei gebeugten Formen muss man erst die Grundform bilden, um zu erkennen, ob nach dem kurzen betonten Vokal tatsächlich nur *ein* Konsonant zu hören ist, denn die Personalendungen zählen **nicht** als Kürzezeichen für den Vokal davor:

es klirrte → klîrren (man hört nur *r*).

Mehrfachgrapheme wie ch und sch werden nie gedoppelt.

Wichtig ist, dass bei mehrsilbigen Wörtern tatsächlich als Erstes der Betonungsgipfel gefunden wird, denn die **un**betonten Vokale werden **alle kurz** gesprochen.

Wenn ein Schüler die Dopplungsregel gut verstanden hat, ist er in der Lage, sich auch unbekannte oder unzureichend gespeicherte Wörter mit Dopplung selbstständig zu erschließen.

Ganz wichtig: Wir schreiben zwar doppelte Konsonantenbuchstaben, sprechen sie aber weder doppelt noch irgendwie gelängt aus, sondern genauso wie die einfachen. Das bedeutet, dass man einfache und doppelte Konsonanten *nicht* akustisch unterscheiden kann!
Leider kommt es aber immer wieder vor, dass Lehrende den Schülern gegenüber z.B. behaupten, die beiden „mm" in „kommen" wären hörbar und man könne dadurch wissen, wie das Wort zu schreiben sei. Dem ist aber *nicht* so!
Das Einzige, was akustisch wahrnehmbar ist, ist die Klangqualität bzw. -quantität des vorangehenden Vokals. Dieser gibt uns den entscheidenden Hinweis auf die Schreibung:

- Klingt der betonte Vokal *lang*, muss man *nicht* doppeln (Lob, Gas, beten).
- Klingt er *kurz* und sind danach *zwei* oder *mehr* Konsonanten zu hören, muss man ebenfalls *nicht* doppeln (kalt, Hemd, Kiste).
- Klingt er *kurz*, und ist danach nur *ein* Konsonant zu hören, muss man doppeln (kommen, hell).

Fülle die Lücken im Text „Inlineskaten".
Die Wörter haben immer einen kurzen betonten Vokal.
Entscheide, ob ein einfacher oder doppelter Konsonant in die Lücke gehört.

Inlineskaten
Seit den neunziger Jahren hat sich dieser Trend in der ganzen Welt verbreitet. Inlineskates, bei denen die vier Rollen in einer Schiene, englisch „in line", angeordnet sind, haben damals die bis dahin üblichen Rollschuhe verdrängt.
Aber wusstest du, dass schon 1760 eine Frühform der heutigen Inlineskates von einem Mann aus Belgien entwickelt wurde? Man konnte jedoch zu dieser Zeit noch nicht richtig skaten, da die Straßen Kopfstein als Pflasterung hatten. Heute bestehen die meisten Straßen aus Asphalt, auf dem die Rollen richtig gut laufen.
Mit den Skates kann man sich auf unterschiedliche Weise beschäftigen: Die einen laufen aus Gründen der Fitness, so wie andere joggen gehen. Andere betreiben Inlineskaten als Funsport, des Spaßes halber. Speedskater wollen möglichst schnell sein.
Aggressive Skater grinden auf Geländern oder drehen ihre Runden in der Halfpipe. Dabei ist es natürlich besonders wichtig, auf angemessenen Schutz zu achten: Knie- und Ellbogenschutz gehören genauso dazu, wie der Helm. Ach, und den Schutz für die Hände hätten wir beinahe vergessen.
(Grinden (engl.: to grind = „schleifen", „rutschen") ist ein Fachausdruck aus der Skateboard- und der Aggressive-Inline-Szene.)

Ein Hinweis noch für die besonders Aufmerksamen unter euch:
In dem Text könnt ihr schon einige Ausnahmen finden, auf die die Dopplungsregel nicht zutrifft. Sie werden in den späteren Übungen noch behandelt.

Sonderschreibungen ck und tz (Lückentext)

Hinweis für den Lehrenden:
Bitte beachten Sie, dass „ck" für das gedoppelte „k" und „tz" für das gedoppelte „z" lediglich Sonderschreibungen sind und auch nur als solche behandelt werden müssen, da sie ansonsten ganz normal nach der allgemeinen Dopplungsregel gebildet werden: nach einem *kurzen* betonten Vokal, wenn man danach nur *einen* Konsonanten hört. Beispiele:

gu**ck**en, aber Gu**rk**e
fli**tz**en, aber fi**lz**en

Im Deutschen gibt es „kk" und „zz" nicht (Makkaroni und Pizza beispielsweise kommen aus dem Italienischen).

---

1. **Lies dir den Text durch und setze „ck" oder „tz" in die Lücken ein.**
2. **Markiere bei allen Lückenwörtern den betonten Vokal mit ^ und**
3. **male einen Punkt darunter als Zeichen für „Kürze".**

Auf ins Kino!

Katja und Mark wollen heute Abend mit ihrem Kumpel Atze ins Kino.

„Um viertel nach acht fängt der Film an!", ruft Katja in heller Aufregung, als Atze endlich da ist.

„Wir müssen auch noch eine halbe Stunde vorher im Kino sein, um die Karten abzuholen!", ergänzt Mark, während er auf die Uhr schaut. Es ist schon halb acht.

„Was gibt es denn?", fragt Atze.

„Einen Gruselfilm!", antwortet Mark und schneidet eine Frâ**tz**e.

„Du bewegst dich aber auch wie eine Schnê**ck**e!", mê**ck**ert Katja ihn an. Sie zupft und zerrt an ihrem schî**ck**en Rô**ck** und fügt hinzu: „Wir müssen hier langsam die Mû**ck**e machen!"

Mark entknotet extra langsam seine Schnürsenkel. Er hasst es, wenn Katja ihm Drû**ck** macht.

„Hast du überhaupt schon die Kâ**tz**e gefüttert?", will Katja noch wissen.

„Klar!", sagt Mark, der sich jetzt endlich eine Mû**tz**e über den Kopf stülpt und seine Geldbörse in der hinteren Hosentasche verstaut. Da ertönt ein Würgen aus der Küche.

„Oh nein!", stöhnt Mark, „jetzt fängt die Kâ**tz**e an zu kô**tz**en."

Zum Glû**ck** ist es nichts Ernstes. Eine Minute später kann das Tierchen schon wieder auf der Fensterbank sî**tz**en und sich in aller Ruhe die Tâ**tz**en lê**ck**en.

Zum Gruselfilm schaffen es die drei gerade noch rechtzeitig. Und während Katja vor Entsê**tz**en die Hand in die Popkorntüte krallt, fängt Atze an zu râ**tz**en. Ihm ist der Film wohl zu langweilig.

Grundregel vertiefen (mit Bildern)

Hinweis für den Lehrenden:

Diese vertiefende Übung ist für Schüler gedacht, die die Anwendung der Grundregel noch automatisieren müssen. Die Aufgabe ist insofern relativ leicht, als alle betonten Vokale kurz sind und deshalb nur die Entscheidung „Höre ich einen oder zwei (bzw. mehrere) Konsonanten nach dem betonten Vokal?" gefällt werden muss.
Gängige und seltenere Wörter wechseln sich ab. Es geht in der Hauptsache aber darum, dass das Prinzip der Dopplung verstanden wird.
Gegebenenfalls sollten die Begriffe vor der Bearbeitung geklärt werden.

Benenne die Begriffe und schreibe sie auf die Zeilen.
Denke an die Grundregel und entscheide, ob du doppeln musst oder nicht.
Tipp: Der betonte Vokal ist hier immer kurz.

die **Kanne**

die **Schüssel**

der **Dampf**

der **Mantel**

der **Brunnen**

der **Pilz**

die **Antenne**

das **Paddel**

der **Kranz**

die **Giraffe**

die **Lampe**

die **Schnecke**

die **Gitarre**

die **Libelle**

Lang oder kurz? Doppeln oder nicht?

Hinweis für den Lehrenden:
Die Schwierigkeitssteigerung zu den vorherigen Übungen besteht darin, dass nun auch festgestellt werden muss, welche Klangqualität der betonte Vokal hat. Davon hängt letztlich die Schreibung ab:

- Langer betonter Vokal: nur *ein* Konsonant folgt (in dieser Übung kommen noch keine speziellen Dehnungszeichen vor).
- Kurzer betonter Vokal: hört man *einen* oder *mehr* Konsonanten?
- Wenn man nur *einen* hört, muss man diesen *verdoppeln*.

Lies den Text über den Kinofilm „Friendship" durch und fülle die Lücken.
Überlege dabei:
- Ist der betonte Vokal lang oder kurz?
- Wenn er kurz ist: Hörst du einen oder mehr Konsonanten danach?

Friendship!

Berlin 1989. Veit und Tom, die in der DDR aufgewachsen sind, beschließen nach San Francisco zu reisen. Sie **wollen** die Golden Gate Bridge sehen, den westlichsten Punkt der **Welt**. Doch leider reicht das Geld nur für einen **Flug** nach New York. Dorthin machen sich die beiden auf den **Weg**, mit ihren **Rucksäcken** und mit schlechten Englischkenntnissen. Am Flughafen begrüßen sie den Mann am **Schalter**, indem sie die **Hand** heben und „Friendship!", also „Freundschaft" sagen, wie sie es im sozialistischen Unterricht gelernt haben. Danach geht die **Reise** weiter: Per Anhalter fahren sie Richtung San Francisco.

In einer **Bar** versuchen sie, ihre **Finanzen** aufzubessern, indem sie ihren selbstgedrehten Vampir-Stummfilm zeigen – leider erfolglos. Durch Zufall findet Tom in Veits **Rucksack** Postkarten von **dessen** Vater. Der ist, als Veit zwölf war, aus der DDR geflohen und schickt ihm seitdem zu jedem Geburtstag eine **Karte** aus San Francisco. Jetzt wird **klar**, warum Veit sich wirklich auf diese Reise gemacht hat: Er möchte seinen Vater sehen.

Der **Film** ist eine deutsche **Komödie** von Markus Goller, mit Matthias Schweighöfer und Friedrich Mücke in den Hauptrollen. Er kam 2010 in die **Kinos**.

Mit seinen zahlreichen, nicht immer anspruchsvollen Gags ist „Friendship!" alles **andere** als tiefgründig. Allerdings überzeugt der Film durch eine **klasse** **Besetzung** und einen gelungenen Soundtrack. Im Abspann spielen Silbermond ihr „Krieger des Lichts".

Lang oder kurz? Doppeln oder nicht?

Hinweis für den Lehrenden:
Die Schwierigkeitssteigerung zu den vorherigen Übungen besteht darin, dass nun auch festgestellt werden muss, welche Klangqualität der betonte Vokal hat. Davon hängt letztlich die Schreibung ab:

- Langer betonte Vokal: nur *ein* Konsonant folgt (in dieser Übung kommen noch keine speziellen Dehnungszeichen vor).
- Kurzer betonter Vokal: hört man *einen* oder *mehr* Konsonanten?
- Wenn man nur *einen* hört, muss man diesen *verdoppeln*.

Lies den Text über den Kinofilm „Friendship" durch und fülle die Lücken.
Überlege dabei:
- Ist der betonte Vokal lang oder kurz?
- Wenn er kurz ist: Hörst du einen oder mehr Konsonanten danach?

Friendship!

Berlin (n/nn) 1989. Veit und Tom, die in der DDR aufgewachsen sind, beschließen, nach San Francisco zu reisen. Sie **wollen** die Golden Gate Bridge sehen, den **westlichsten** Punkt der **Welt**. Dort wären sie so weit wie **nur** möglich von der DDR **entfernt**. Doch leider reicht das Geld nur für einen **Flug** nach New York. Dorthin machen sich die beiden auf den **Weg**, mit ihren **Rucksäcken** und mit schlechten Englischkenntnissen. Am Flughafen begrüßen sie den Mann am **Schalter**, indem sie die **Hand** heben und „Friendship!", also „Freundschaft" sagen, wie sie es im sozialistischen Unterricht gelernt haben. Danach geht die **Reise** weiter: Per Anhalter fahren sie Richtung San Francisco, ein Comic-Zeichner mit einer **speziellen** Vorliebe für Äpfel nimmt die beiden mit.

In einer **Bar** versuchen sie, ihre **Finanzen** aufzubessern, indem sie einen selbstgedrehten Vampir-Stummfilm zeigen – leider **erfolglos**. Dafür machen sie Bekanntschaft mit dem anderen Geschlecht. Doch die Nacht verläuft ebenfalls etwas anders, als erhofft.

Durch Zufall **findet** Tom in Veits Rucksack Postkarten von **dessen** Vater. Der ist, als Veit zwölf war, aus der DDR geflohen und schickt ihm seitdem zu jedem Geburtstag eine **Karte** aus San Francisco. Jetzt wird **klar**, warum Veit sich wirklich auf **diese** Reise gemacht hat: Er möchte seinen Vater sehen.

Der **Film** ist eine deutsche Komödie von Markus Goller, mit Matthias Schweighöfer und Friedrich Mücke in den Hauptrollen. Er kam 2010 in die **Kinos**. Mit seinen zahlreichen, nicht immer anspruchsvollen Gags ist „Friendship!" alles **andere** als tiefgründig. Allerdings überzeugt der Film durch eine **klasse Besetzung** und einen gelungenen Soundtrack. Im Abspann spielen Silbermond ihr „Krieger des Lichts".

Viele einfallsreiche **Szenen** gibt es auch: Ein Höhepunkt ist die **Stelle**, wo Veit und Tom bemalte Betonteile als Bruchstücke der Berliner Mauer in Silver City verkaufen.

Lang oder kurz? Doppeln oder nicht?

Hinweis für den Lehrenden:
Die Schwierigkeitssteigerung zu den vorherigen Übungen besteht darin, dass nun auch festgestellt werden muss, welche Klangqualität der betonte Vokal hat. Davon hängt letztlich die Schreibung ab:

- Langer betonte Vokal: nur *ein* Konsonant folgt (in dieser Übung kommen noch keine speziellen Dehnungszeichen vor).
- Kurzer betonter Vokal: hört man *einen* oder *mehr* Konsonanten?
- Wenn man nur *einen* hört, muss man diesen *verdoppeln.*

Lies den Text über den Kinofilm „Friendship" durch und fülle die Lücken.
Überlege dabei:
- Ist der betonte Vokal lang oder kurz?
- Wenn er kurz ist: Hörst du einen oder mehr Konsonanten danach?

Friendship!

Berlin 1989. Veit und Tom, die in der DDR aufgewachsen sind, beschließen, nach San Francisco zu reisen. Sie **wollen** die Golden Gate Bridge sehen, den **westlichsten** Punkt der **Welt**. Dort wären sie so weit wie **nur** möglich von der DDR **entfernt**. Doch leider reicht das Geld nur für einen Flug nach New York. Dorthin machen sich die beiden auf den **Weg**, mit ihren **Rucksäcken** und mit schlechten Englischkenntnissen. Am Flughafen begrüßen sie den Mann am **Schalter**, indem sie die **Hand** heben und „Friendship!", also „Freundschaft" sagen, wie sie es im sozialistischen Unterricht gelernt haben. Ärger mit den **Behörden** gibt es, als Tom und Veit sich als freie Kommunisten vorstellen. Danach geht die **Reise** weiter: Per Anhalter fahren sie Richtung San Francisco, ein Comic-Zeichner mit einer **speziellen** Vorliebe für Äpfel nimmt die beiden mit. In einer **Bar** versuchen sie, ihre **Finanzen** aufzubessern, indem sie einen selbstgedrehten Vampir-Stummfilm zeigen – leider erfolglos.

Durch Zufall findet Tom in Veits Rucksack Postkarten von **dessen** Vater. Der ist, als Veit zwölf war, aus der DDR geflohen und schickt ihm seitdem zu jedem Geburtstag eine **Karte** aus San Francisco. Jetzt wird **klar**, warum Veit sich **wirklich** auf diese Reise gemacht hat: Er möchte seinen Vater sehen. Doch bis dahin passiert noch einiges: Tom und Veit **treffen** Biker, **erhalten** ein Auto, das sie nach San Francisco bringen **sollen**, ohne in den Kofferraum zu schauen, machen Bekanntschaft mit der schönen Zoey und tun **allerlei** verrückte Dinge, um ihre Portemonnaies zu **füllen**. Der **Film** ist eine deutsche Komödie von Markus Goller, mit Matthias Schweighöfer und Friedrich Mücke in den Hauptrollen. Er kam 2010 in die **Kinos**. Mit seinen zahlreichen, nicht immer anspruchsvollen Gags ist „Friendship!" alles **andere** als tiefgründig. Allerdings überzeugt der **Film** durch eine **klasse** Besetzung und einen gelungenen Soundtrack. Viele einfallsreiche **Szenen** gibt es auch: Ein Höhepunkt ist die **Stelle**, wo Veit und Tom in Silver City bemalte Betonteile als Bruchstücke der Berliner Mauer verkaufen.

Erkennen des betonten Vokals und seiner Länge und Kürze (Wiederholung)

Arbeitsaufgabe:

- **Im Kasten findest du ein-, zwei- und dreisilbige Wörter.**
- **Suche bei jedem Wort den betonten Vokal und bestimme, ob er lang oder kurz gesprochen wird.**
- **Schreibe jedes Wort in die richtige Spalte der Tabelle.**
- **Markiere den betonten Vokalbuchstaben mit dem Betonungszeichen ^.**

der Schimpanse, die Falle, die Kartoffel, der Arzt, das Entsetzen, der Ärger, der Beamte, kalt, der Indianer, die Verteidigung, der Acker, die Erinnerung, die Änderung, denken, beleidigt, der Eskimo, das Los, die Diskothek, der Gorilla, backen, der Gauner, der Kuss, kneifen, begründen, die Melone, die Familie, erschrecken, jeder, hell, der Ekel, der Betrug, das Zimmer, die Zitrone, das Alter, testen, der Charakter, die Zecke, die Dämmerung, der Doktor, die Konserve, das Geflügel, kitzeln

langer betonter Vokal, <u>ein</u> Konsonant folgt	**kurzer betonter Vokal, zwei <u>verschiedene</u> Konsonanten folgen**	**kurzer betonter Vokal, zwei <u>gleiche</u> Konsonanten folgen**
der Indiâner	der Schimpânse	die Fâlle
die Vertêîdigung	der Ârzt	die Kartôffel
belêîdigt	der Ârger	das Entsêtzen
das Lôs	der Beâmte	der Âcker
die Diskothêk	kâlt	die Erînnerung
der Gâûner	die Ânderung	der Gorîlla
knêîfen	dênken	bâcken
die Melône	der Êskimo	der Kûss
die Famîlie	begrûnden	erschrêcken
jêder	das Âlter	hêll
der Êkel	têsten	das Zîmmer
der Betrûg	der Charâkter	die Zêcke
die Zitrône	der Dôktor	die Dâmmerung
das Geflûgel	die Konsêrve	kîtzeln

Komposita und betonte Vorsilben

<u>Hinweis für den Lehrenden:</u>

Bereits beim Thema „Betonung" wurde auf die nötige Sonderbehandlung von Komposita und betonten Vorsilben eingegangen. Hier nun wird der Zweck der Übung ersichtlich, da die richtige Schreibung sich nur dann erschließt, wenn man

- Zusammensetzungen in ihre einzelnen Teile teilt und jeden Teil extra hinsichtlich der Betonung prüft,
- betonte Vorsilben abtrennt und beim Restwort den betonten Vokal sucht.

Gründe:

Auch bei *Komposita* trägt nur *eine* Silbe den (Haupt-)Betonungsgipfel, so dass man den zweiten – und somit eine weitere eventuelle Rechtschreibfalle – nur dann erkennen kann, wenn man die Wörter getrennt betrachtet.

Betonte Vorsilben führen in die Irre, da der relevante Vokal, nach dem Dopplungen und Dehnungszeichen vorkommen könnten, übersehen wird. In Vorsilben wird bis auf eine Ausnahme (miss-) nicht gedoppelt und auch nie gedehnt, so dass man bei ihnen in punkto Schreibung auf der sicheren Seite ist.

Erklärungen und Lösungen für den Schüler:

Bei Wörtern, deren Schreibung du noch nicht ganz sicher im Gedächtnis gespeichert hast, ist es wichtig, den betonten Vokal herauszufinden, da *nur nach ihm* doppelte Konsonantenbuchstaben vorkommen könnten.

Bei zusammengesetzten Wörtern gibt es nun die Schwierigkeit, dass auch sie nur *einen* Betonungsgipfel haben. Der betonte Vokal des zweiten Wortteils könnte also leicht übersehen werden. Trenne deshalb alle zusammengesetzten Wörter in ihre einzelnen Teile und suche bei jedem Teil extra nach dem Betonungsgipfel. So findest du alle Stellen, an denen eine Dopplung oder eine andere Rechtschreibfalle vorkommen könnten.

Ähnliches gilt für die betonte Vorsilbe: Trenne sie ab und suche im Restwort den betonten Vokal. In Vorsilben wird nie gedoppelt, bis auf eine Ausnahme: „miss-", z.B. in misslingen oder Missbrauch.

glûcklichen
Zûfall → Zu – fâll
ergâttern
Stâdion
Stîmmung
Ân – pfiff → Pfîff
Begînn
Minûte
zâppelte
Nêtz
kâmpfte
zurûck
entwîckelte
ôffener
Hâlfte
Lêîstung
Ûn – mut → Mût
Mânnschaft
stêîgerte
Bâllbesitz → Bâll – Besîtz
Âffenlaut → Âffe – Lâût
jedôch

Schlûss
Trêffer
Ânhänger → An – Hânger

Fâûstschlag → Fâûst – Schlâg
getrôffen
Bôden
schnêll
ânkamen → an – kâmen
Grûppe
entschlôssenes
Vâterland → Vâter – Lând
Pâss
besîtzen
verwîckeln
Klâppern
unterdrûcken
Êwigkeit
wûtenden
Argumênte
ôffensichtlich → ôffen – sîchtlich

Interêsse
Strêîtlust → Strêît – Lûst
bûtterweichen → Bûtter – wêîchen
Glêîse
Bewêgung
Zûg
Schrêcken
natûrlich

Sonderfälle: Vorsilbe miss- und Plural von Nomen auf -in und -nis

Hinweis für den Lehrenden:

Sinnvoll wäre, zusätzlich

1. die Bedeutung der Vorsilbe miss- herausfinden zu lassen (Antwort: schlecht, negativ, fehlerhaft),
2. zu klären, in welchen Wörtern die Nachsilbe -in vorkommt (Antwort: Sie drückt die weibliche Form eines männlichen Nomens aus im Sinne von Beruf oder Funktion einer Person).

Mögliche Wörter:

Mi**ss**erfolg, Mi**ss**ernte, Mi**ss**geburt, Mi**ss**achtung, Mi**ss**bildung, **Miss**brauch, Mi**ss**geschick, Mi**ss**griff, Mi**ss**klang, Mi**ss**wirtschaft, Mi**ss**management, mi**ss**billigen, mi**ss**verstehen, mi**ss**trauen, mi**ss**achten, mi**ss**handeln, mi**ss**fallen, mi**ss**lingen, mi**ss**raten, mi**ss**gelaunt, mi**ss**lich

Verhältnis-Verhältni**ss**e, Kenntnis-Kenntni**ss**e, Erkenntnis-Erkenntni**ss**e, Bekenntnis-Bekenntni**ss**e, Erlebnis-Erlebni**ss**e, Bedürfnis-Bedürfni**ss**e, Zerwürfnis-Zerwürfni**ss**e, Versäumnis-Versäumni**ss**e, Verzeichnis-Verzeichni**ss**e, Vermächtnis-Vermächtni**ss**e, Hindernis-Hinderni**ss**e, Vorkommnis-Vorkommni**ss**e, Hemmnis-Hemmni**ss**e, Begräbnis-Begräbni**ss**e

Schülerin-Schüleri**nn**en, Gärtnerin-Gärtneri**nn**en, Leiterin-Leiteri**nn**en, Bäckerin-Bäckeri**nn**en, Jägerin-Jägeri**nn**en, Entdeckerin-Entdeckeri**nn**en, Köchin-Köchi**nn**en, Sängerin-Sängeri**nn**en, Verkäuferin-Verkäuferi**nn**en, Patientin-Patienti**nn**en, Sekretärin-Sekretäri**nn**en, Arbeiterin-Arbeiteri**nn**en, Göttin-Götti**nn**en, Herrscherin-Herrscheri**nn**en, Königin-Königi**nn**en, Prinzessin-Prinzessi**nn**en, Herrin-Herri**nn**en, Wächterin-Wächteri**nn**en, Schauspieler-Schauspieleri**nn**en, Politikerin-Politikeri**nn**en

Unechte Dopplungen

Aufgabe 1:
Markiere bei den Stammwörtern in der mittleren Spalte den Betonungsgipfel mit einem ^ .

Aufgabe 2:
- Bilde jetzt aus den Vorsilben links und den Stammwörtern in der Mitte Wörter mit unechten Dopplungen und schreibe sie in die rechte Spalte.
- Achte darauf, welche Vorsilben zu welchen Stammwörtern passen!
- Die meisten Vorsilben wirst du mehrmals verwenden.

ab	→	bîegen: a**bb**iegen
ab	→	blîtzen: a**bb**litzen
auf	→	fângen: au**ff**angen
auf	→	fôrdern: au**ff**ordern
aus	→	sâgen: au**ss**agen
ein	→	nâhen: ei**nn**ähen
ein	→	nêhmen: ei**nn**ehmen
ent	→	târnen: en**tt**arnen
er	→	râten: e**rr**aten (ve**rr**aten geht auch)
herum	→	mêckern: heru**mm**eckern
mit	→	têîlen: mi**tt**eilen
ver	→	rênken: ve**rr**enken
ver	→	rîegeln: ve**rr**iegeln
vor	→	Rât: Vo**rr**at (Ve**rr**at geht auch)
vor	→	rûcken: vo**rr**ücken (ve**rr**ücken geht auch)
zer	→	rêîben: ze**rr**eiben (ve**rr**eiben geht auch)
zer	→	rêîßen: ze**rr**eißen

Unechte Dopplungen

Aufgabe 1:
Markiere bei den Stammwörtern in der mittleren Spalte den Betonungsgipfel mit einem ^ .

Aufgabe 2:
- Bilde jetzt aus den Vorsilben links und den Stammwörtern in der Mitte Wörter mit unechten Dopplungen und schreibe sie in die rechte Spalte.
- Achte darauf, welche Vorsilben zu welchen Stammwörtern passen!
- Die meisten Vorsilben wirst du mehrmals verwenden.

ab	→	blôcken: a**bb**locken
ab	→	bûchen: a**bb**uchen
auf	→	Fâhrt: Au**ff**ahrt
auf	→	frêssen: au**ff**ressen
aus	→	sâûgen: au**ss**augen
aus	→	sênden: au**ss**enden
ein	→	nîsten: ei**nn**isten
ent	→	târnen: en**tt**arnen
um	→	mauern: u**mm**auern
her	→	rîchten: he**rr**ichten (ve**rr**ichten und e**rr**ichten geht auch)
mit	→	Têîlung: Mi**tt**eilung
ver	→	Rât: Ve**rr**at (Vorrat geht auch)
ver	→	rîegeln: ve**rr**iegeln
ver	→	rêchnen: ve**rr**echnen
vor	→	Râng: Vo**rr**ang
vor	→	Rêîter: Vo**rr**eiter
zer	→	rînnen: ze**rr**innen (ve**rr**innen geht auch)
zer	→	rûpfen: ze**rr**upfen

Unechte Dopplungen

Aufgabe 1:
Markiere bei den Stammwörtern in der mittleren Spalte den Betonungsgipfel mit einem ^ .

Aufgabe 2:
- Bilde jetzt aus den Vorsilben links und den Stammwörtern in der Mitte Wörter mit unechten Dopplungen und schreibe sie in die rechte Spalte.
- Achte darauf, welche Vorsilben zu welchen Stammwörtern passen!
- Die meisten Vorsilben wirst du mehrmals verwenden.

ab	→	Bîtte: A**bb**itte
ab	→	blênden: a**bb**lenden
auf	→	-fôrsten: au**ff**orsten
auf	→	Fâssung: Au**ff**assung
aus	→	-sâge: Au**ss**age
aus	→	Sâtz: Au**ss**atz
ein	→	-nâhme: Ei**nn**ahme
ein	→	nâssen: ei**nn**ässen
ent	→	târnen: en**tt**arnen
er	→	rêtten: e**rr**etten
er	→	-rôten: e**rr**öten
mit	→	-têîlsam: mi**tt**eilsam
ver	→	-rôht: ve**rr**oht
ver	→	Rûf: Ve**rr**uf
vor	→	Rêcht: Vo**rr**echt
vor	→	Râng: Vo**rr**ang

Wiederholung aller bisher gelernten Regeln: Quiz (Seite 1)

Los geht's!

1. Frage: (1 Punkt)
Wie viele Betonungsgipfel können in einem Wort vorkommen?
a) einer
b) zwei
c) drei

2. Frage: (1 Punkt)
Wo befindet sich der Betonungsgipfel in deutschen Wörtern meistens?

a) In der ersten Silbe
b) In der zweiten Silbe
c) In der dritten Silbe

3. Frage: (1 Punkt)
Wo kann der Betonungsgipfel in Fremdwörtern stehen?
a) In der ersten Silbe
b) In der zweiten Silbe
c) In jeder Silbe

4. Frage: (1 Punkt)
Nach welchem Buchstaben kann ein doppelter Konsonant stehen?
a) Nach einem kurzen Vokal
b) Nach einem langen Vokal
c) Nach einem Konsonanten

5. Frage: (1 Punkt)
Kann ein Doppelkonsonant nach unbetonten Vokalen stehen?
a) Ja
b) Nein

6. Frage: (1 Punkt)
Kann ein Doppelkonsonant nach Zwielauten vorkommen?
a) Ja
b) Nein

7. Frage: (1 Punkt)
Was machst du, wenn die Vorsilbe eines Wortes betont ist?

Die Vorsilbe abtrennen und den Betonungsgipfel am Restwort (Stammwort) bestimmen.

8. Frage: (1 Punkt)
In welchem Wort steckt eine „unechte“ Dopplung?
a) Kessel
b) Katze
c) Mücke
d) Fahrrad

Wiederholung aller bisher gelernten Regeln: Quiz (Seite 2)

9. Frage: (je 1 Punkt)
Wie doppelt man k und z?

k: ck **t: tz**

10. Frage: (je 1 Punkt)
In Vor- und Nachsilben kommt normalerweise keine Dopplung vor. Aber es gibt drei Ausnahmen. Welche sind das?

1. **Die Vorsilbe miss-**
2. **Der Plural von Nomen auf -nis: Geheimnisse**
3. **Der Plural von Nomen auf -in: Lehrerinnen**

11. Frage: (1 Punkt für jedes richtige Wort mit richtiger Betonung)
Finde 5 Wörter mit Doppelkonsonant und setze das Zeichen ^ für den betonten Vokal.

Beispiele: êssen, Pfânne, Kêtte, râffen, Mêmme

12. Frage: (3 Punkte für jeden richtigen Schritt)
Wie gehst du vor, wenn du herausfinden willst, ob in einem Wort gedoppelt wird?

a) **Den Betonungsgipfel setzen.**
b) **Prüfen, ob der betonte Vokal lang oder kurz ist.**
c) **Wenn er kurz ist, prüfen, ob man nach dem betonten Vokal einen oder mehrere Konsonanten hört.**
d) **Wenn man nach einem kurzen, betonten Vokal nur *einen* Konsonanten hört, wird er verdoppelt.**

Und???
Gut abgeschnitten?
Wer **30** Punkte erreicht hat, ist der wahre Dopplungsmillionär.
Herzlichen Glückwunsch!

Wer weniger als **27** Punkte hat, muss jetzt noch einmal nachschauen, bei welchen Fragen es gehakt hat.
Wiederhole die bisherigen Übungen und frage deinen Lehrer bei Problemen!

Problemerkennung: Gebeugte Wörter

Hinweis für den Lehrenden:
Mögliche ergänzende Aufgabe: Werke von Albrecht Dürer im Internet suchen und besprechen.

---

1. Im Text sind gebeugte Verbformen und Adjektive im Superlativ unterstrichen.
2. Markiere den betonten Vokal.
3. Wie lassen sich hier die gedoppelten Konsonanten mit der Grundregel zur Dopplung in Einklang bringen? Notiere deine Überlegungen.

Wer war eigentlich Albrecht Dürer?
Albrecht Dürer gilt als einer der bekânntesten deutschen Maler. Er wirkte zur Zeit der Renaissance. Albrecht Dürer wurde am 21. Mai 1471 in Nürnberg geboren. Sein Vater stâmmte aus Ajtòsfalva in Ungarn. Als der nach Deutschland kam, übersêtzte er seinen Nachnamen „Ajtós“ (= Türmacher, von “ajtó" = Tür) ins Deutsche und nânnte sich fortan „Thürer“. Es war früher üblich, dass man seinen Familiennamen je nach Beruf oder, wenn man noch keinen hatte, nach seinem Heimatort wählte. Der fränkische Dialekt machte dann aus Thürer „Dürer“.
Der junge Albrecht Dürer wurde zuerst in der Werkstatt seines Vaters zum Goldschmied ausgebildet. Doch schon früh entdêckte er die Malerei: Sein erstes Selbstporträt schuf er im Alter von 13 Jahren. Mit 16 Jahren lernte er in einer Malerwerkstatt und ging drei Jahre später auf Gesellenwanderung. Als 1494 die Pest nach Nürnberg kam, pâckte er seine Koffer und reiste nach Italien. Im Mai 1495 kehrte er nach Nürnberg zurück und richtete sich dort bald eine eigene Werkstatt ein. Er fertigte Holzschnitte und Kupferstiche an und malte Landschaftsbilder, Porträts und vieles mehr.
Zehn Jahre nach seiner ersten Italienreise lôckte Dürer das südliche Land noch einmal. Er schâffte es bis Venedig, wo er für einige Zeit blieb und viele wichtige Eindrücke sammeln kônnte. Später, im Jahr 1520, hielt er sich zusammen mit seiner Frau ein ganzes Jahr in den Niederlanden auf. Dort feierte er große Triumphe, zog sich allerdings auch eine der schlîmmsten Krankheiten zu, nämlich Malaria. Er mûsste am 6. April 1528 sterben, wahrscheinlich an den Folgen dieser Krankheit.
Albrecht Dürer hinterließ der Welt nicht nur seine Bilder: Er schrieb auch Gedichte und Bücher über Geometrie, Malerei und die Lehre von den Proportionen des menschlichen Körpers. Er wûsste viel über Mathematik und gehörte einem Kreis von Humanisten an. Er hatte größten Einfluss auf andere Künstler in Europa und war geschäftlich erfolgreich. Viele seiner Werke kônnte er zu hohen Preisen verkaufen. Die Holzschnitte und Kupferstiche ließen sich beliebig oft vervielfältigen und illustrierten viele Bücher. Zu seinen berühmtesten Werken zählen seine Selbstbildnisse, das Aquarell „Junger Feldhase“ und die drei Meisterstiche: die Kupferstiche „Ritter, Tod und Teufel“, „Hieronymus im Gehäus“ und „Melencolia I“.

Ausführliche Antwort zu Punkt 3 der Aufgabenstellung:
Bei gebeugten Wörtern ist nach dem kurzen betonten Vokal oft *mehr als ein* Konsonant zu hören, weil die Personalendungen noch dazukommen: du renn**st**, er renn**t** usw. Die Personalendungen zählen aber *nicht* als „Kürzezeichen“. Bilde in diesen Fällen einfach die Grundform: rennen. Hier hörst du nur *einen* Konsonanten nach dem kurzen betonten Vokal, nämlich /n/, und so weißt du also, dass du diesen verdoppeln musst. Die Dopplung wird dann in die gebeugte Form mit übernommen.

Das Gleiche gilt für Adjektive im Superlativ (in der Höchststufe): am hell**st**en. Bilde auch hier die Grundform und überlege erst dann, ob du doppeln musst: hell → heller → am hellsten.

Vorsicht aber bei stark gebeugten Verben in anderen Zeiten, z.B. bei: „er traf“. Hier ist die Grundform „treffen“ mit „ff“. Warum wird nun aber „er traf“ nur mit *einem* „f“ geschrieben? Ganz einfach: Bei „er traf“ klingt der betonte Vokal *lang* und nicht mehr kurz. Deshalb wäre hier „ff“ falsch.

Gebeugte Wörter: Vertiefen

Setze die Verben ins Präteritum und Perfekt. Achte dabei auf die Dopplung.

Grundform:	**Präteritum:**	**Perfekt:**
ticken	er tickte	er hat getickt
schnappen	er schnappte	er hat geschnappt
flennen	er flennte	er hat geflennt
brummen	er brummte	er hat gebrummt
vermissen	er vermisste	er hat vermisst
bellen	er bellte	er hat gebellt
kläffen	er kläffte	er hat gekläfft
irren	er irrte sich	er hat sich geirrt

Bilde die Grundform der Verben und markiere den betonten Vokal mit ^.

er summt	sûmmen	es hat geklappt	klâppen
du kennst	kênnen	es hat gepasst	pâssen
sie spuckt	spûcken	du fällst	fâllen
ihr flitzt	flîtzen	es knallte	knâllen
sie hackten	hâcken	es brennt	brênnen
sie gurrte	gûrren	sie hat gehofft	hôffen

Stark gebeugte Verbformen (Text)

Hinweis für den Lehrenden:
An dieser Stelle ist es noch einmal wichtig darauf einzugehen, dass wir mit gewissen Schreibungen dem Leser quasi „Anweisungen" geben, wie er die Wörter zu sprechen hat:
Mit doppelten Konsonantenbuchstaben zeigen wir ihm, dass er den Vokal davor kurz sprechen muss, z.B. bei „der Kamm". Würden wir „er kamm" schreiben (weil „kommen" ja nun auch zwei „mm" hat), müsste der Leser das gebeugte Verb so sprechen wie das Gerät zum Haarkämmen. Und das wäre natürlich falsch und irreführend.
Es gibt also Verben (starke oder unregelmäßige genannt), bei denen sich in anderen Zeiten der Stammvokal ändert. Bei manchen bleibt er kurz, was bedeutet, dass wir die Dopplung vom Grundwort übernehmen. Bei manchen ändert er aber zusätzlich seine Klangquantität und wird *lang* gesprochen. Hier wird die Dopplung NICHT übernommen.
Noch ein Beispiel: treffen, er traf, er hat getroffen.

Die Regel für starke Verben lautet also:

> Bei Verben wird die Dopplung der Grundform in gebeugte Formen nur dann übernommen, wenn der betonte Vokal in der gebeugten Form *kurz* bleibt.

---

1. Lies den Text und setze die eingeklammerten Verben ins Präteritum.
Im Freibad
Es war ein heißer Sommertag im Juni. Tim fuhr in der sengenden Sonne Waveboard vor seinem Haus. Aber die Hitze machte ihm zu schaffen. Lieber (wollen) **wollte** er das kühle Nass aufsuchen und fuhr ins Freibad. Die Sonne ließ die Wellen im Becken glitzern. Tim sprang hinein und (schwimmen) **schwamm** erst einmal ein paar Bahnen. Dann (strecken) **streckte** er sich am Beckenrand aus und schaute sich um. Sein Blick fiel auf eine Schönheit sondergleichen. Sie hatte langes, helles Haar und trug eine Sonnenbrille. Am meisten gefiel ihm ihr niedliches Gesicht. Er winkte ihr zu, doch (gewinnen) **gewann** er damit nicht ihre Aufmerksamkeit. Wie (sollen) **sollte** er sie auch beeindrucken mit seinem pickeligen Gesicht? Er winkte ihr noch einmal und rief „Auf Tauchstation!". Dann verschwand er unter Wasser und (hocken) **hockte** sich auf den Beckenboden. „Yes!", dachte er bei sich, denn sie hatte den Kopf gedreht und zu ihm herübergeschaut. Hier unten klang alles dumpf und hohl, wie aus weiter Ferne drangen der Lärm der Kinder und die Rufe des Eisverkäufers zu ihm. Tim (schaffen) **schaffte** es, über eine Minute unter Wasser zu bleiben. Als er aber wieder auftauchte, schaute die Schönheit gar nicht mehr in seine Richtung. Tim war enttäuscht. Trotzdem er gab nicht auf. Irgendwie (müssen) **musste** es doch klappen. Und er (wissen) **wusste** auch wie: Er (rennen) **rannte** zum Eisstand, um zwei Eis am Stiel zu kaufen, und (hoffen) **hoffte** sie damit zu überraschen. Er ging zu ihr hinüber, (schlucken) **schluckte** noch einmal beim Anblick ihrer Beine und (fassen) **fasste** sich dann ein Herz. „Hier, für dich!", sagte er, als er bei ihr (ankommen) **ankam.** Sie schaute zu ihm hoch, sagte: „Hallo?", und machte keine Anstalten, nach dem Eis zu greifen. Mit Nachdruck hielt er ihr es unter die Nase und sagte noch einmal: „Für dich!" Als ihre Hand ins Leere tastete, wurde ihm klar, dass seine Angebetete blind war. Sie (können) **konnte** das Eis gar nicht sehen. „Wer ist da?", fragte sie. Er (stellen) **stellte** sich ihr vor, gab ihr das Eis in die Hand und sie unterhielten sich lange. Sie hörten gemeinsam MP3s auf ihrem Player, und als Tim nach Hause fuhr, hatte er Herzklopfen und ihre Handynummer in der Tasche. Er (brennen) **brannte** darauf, sie wiederzusehen. So (beginnen) **begann** eine außergewöhnliche Freundschaft.

2. Bei welchen Wörtern musst du aufpassen und warum?
Aufpassen musstest du bei:

schwimmen-schwamm; gewinnen-gewann; wissen-wusste; rennen-rannte; beginnen-begann

Diese Verben nennt man „starke" oder „unregelmäßige" Verben. Bei ihnen ändert sich in anderen Zeitformen der Vokal des Wortstamms, also der *betonte* Vokal. Wenn er dabei ***kurz*** bleibt, wird die Dopplung natürlich übernommen.

Aber Achtung:
Manchmal wird der veränderte Vokal auch ***lang*** gesprochen. In diesem Fall wird der gedoppelte Konsonant nicht übernommen. Vergleiche das Wort aus dem Text:

kômmen (kurzes o) → er kâm (langes a).

(Würdest du „er kamm" schreiben, müsste der Leser es wie „der Kamm" zum Haarkämmen sprechen – und das wäre irreführend.)

Wiederholung aller bisher gelernten Regeln

Hinweis für den Lehrenden:
Die Wiederholung der bisher gelernten Regeln in dieser Übung erfordert konzentriertes Denken und Rekapitulieren. Es geht hier darum zu überprüfen, ob die Prinzipien der Dopplungsschreibung zumindest theoretisch vollkommen verstanden wurden.
Ist dies der Fall, sollte eine weitere Automatisierung mithilfe unterschiedlicher Übungsformen möglich gemacht werden, z.B. durch das Schreiben von Aufsätzen, freien Texten, Briefen, Diktaten u.Ä. Der Fokus wird dabei vor allem auf Wörter mit kurzen betonten Vokalen und Dopplungsschreibungen gerichtet. Kommen Fehler in anderen Bereichen vor, werden diese zunächst nicht thematisiert, sondern nur mit Grün markiert. Fehler, die sich auf die Dopplungsschreibung beziehen, werden mit einer Signalfarbe angestrichen und gemeinsam ausführlich besprochen. Gegebenenfalls ist eine punktuelle Wiederholung der betreffenden (bereits absolvierten) Übungen notwendig, um ausreichende Sicherheit zu schaffen.
Wichtig: Bevor die Ausnahmewörter der nächsten Arbeitsblätter durchgenommen werden, sollte der Schüler mit den Regelwörtern keine Schwierigkeiten mehr haben!

Heavy Metal

Die Herkunft des **Begriffes** „Heavy Metal" ist unklar. „Heavy Metal" (engl. „Schwermetall") bezeichnet eine **Musikrichtung**, die Ende der 70er Jahre in London aus dem Hardrock und Punk **entstanden** ist. Somit waren Bands und Stars wie Led Zeppelin, Deep Purple und Alice Cooper wichtige **Vorreiter** des Heavy Metal. Die erste echte Heavy Metal-Band war Black Sabbath.
Um 1980 sprach man von einer „New Wave of British Heavy Metal" – einer neuen **Welle** des britischen Heavy Metal, bei der Bands wie Iron Maiden, Motörhead, Saxon und Def Leppard **bekannt** wurden.
Während der 80er Jahre teilte sich die Bewegung in **sogenannte** Subgenres auf. Da gab es Thrash Metal (Slayer, oder die deutschen Bands Kreator und Sodom), Speed Metal und Black Metal (Venom). Der Begriff „Heavy Metal" wird seitdem nur noch für die **traditionelle** Richtung des Metal verwendet.
In den 90er Jahren dominierten die Richtungen *Dark Metal* und *Gothic Metal* mit ihrem schweren, tragenden Klang, *Death Metal*, der sich an den vielen **Taktwechseln erkennen lässt** und der norwegische *Black Metal*. Heute sind Bands wie Korn, Slipknot und Limb Bizkit **bekannt**, bei denen sich Einflüsse von Hip Hop und Hardcore **erkennen** lassen; man spricht auch von *Nu Metal*.
Kennzeichen der Musik sind sägende **Gitarren-Riffs**, untermalt von einem dröhnenden Bass und **Gitarrensoli**. Der Gesang reicht von melodischem **Gesang** mit hoher Stimme bis hin zu heiseren und düster-bedrohlichen „Growls". Und natürlich darf das Schlagzeug nicht fehlen. Nicht selten hört man **Missklänge**.
Wie bei jeder Musik **gehört** auch zum Metal ein besonderes Lebensgefühl. Metalfans mögen ihren Individualismus und ihre Freiheit. Sie möchten **auffallen** und anders sein. Heutzutage **trägt** nicht jeder „Metalhead" lange Haare und eine Leder- oder Jeanskluft mit hundert Aufnähern. Aber an den T-Shirts mit Aufdrucken ihrer Lieblingsbands sind die Fans nach wie vor zu **erkennen**.
„Metaller" **pflegen** feste Rituale, wie das „Headbangen", das Zeigen der Hand mit **ausgestrecktem** Zeige- und kleinen Finger (das war früher ein Zauber gegen den Bösen Blick) und das „Stagediven" und „Moshen" auf Konzerten. Dabei kann es in einer „Moshpit" sehr **wild** zugehen, wenn die Fans durcheinander und gegeneinander **springen**, um sich schlagen und **schubsen**. Jedoch wird niemand gezwungen, dabei mitzumachen, und wer hinfällt, **bekommt** von allen Seiten **helfende** Hände gereicht. Metalfans mögen Konzerte und plaudern gern über ihre dortigen **Erlebnisse**.
Die Metalszene **gilt** als reine Männerdomäne, aber die **Sängerinnen** Doro und Tarja zeigen, dass auch Frauen etwas von Metal verstehen.
Die Texte von Metalsongs handeln **oft** von Gewalt und Zerstörung, von trüben Gedanken und negativen Gefühlen. Dazu passen **Plattencover**, die Gewaltszenen, **Skelette**, düstere Landschaften und okkulte **Symbole** zeigen. Viele Bands haben Maskottchen, wie Iron Maiden ihren **Zombie** „Eddie". Aus diesen Gründen wirkt die Metalszene auf andere oft **abschreckend** oder bedrohlich.

Wiederholung von Regeln und Ausnahmen

Hinweis für den Lehrenden:
Wenn Fehler gemacht wurden, kann die Tabelle als Wiederholungsplan gelten:

Frage:	Übung:
1:	Problemerkennung: Wann sind doppelte Konsonanten-BS zu schreiben?
2:	Sonderschreibungen ck und tz (Lückentext)
3:	Erkennen des betonten Vokals und seiner Länge und Kürze (Wiederholung)
4:	Sonderfälle: Vorsilbe miss- und Plural von Nomen auf -in und -nis
5:	Unechte Dopplungen
6:	Stark gebeugte Verbformen (Text)
7:	Komposita: Vertiefen
8:	Ausnahmewörter lernen

---

1. Warum wird das m in „Limonade“ nicht gedoppelt?
Weil eine Dopplung nur nach einem kurzen betonten Vokal folgen kann; das „i“ ist aber hier nicht betont, sondern das „a“.

2. Wie werden z und k gedoppelt? Schreibe je ein Beispielwort auf. tz, ck; Katze, Zicke

3. Nenne ein Wort mit betonter Vorsilbe. Was musst du tun, wenn du herausfinden willst, ob in diesem Wort gedoppelt wird?
Beispiel: âbheben. Die Vorsilbe wird abgetrennt und das Restwort auf den Betonungsgipfel hin untersucht: ab – hêben.

4. In Vor- und Nachsilben wird normalerweise nicht gedoppelt. Nenne die drei Ausnahmen.
Die Ausnahmen sind miss-, -nisse und -innen: M**iss**verständnis, Kenntni**ss**e und Lehreri**nn**en

5. Was sind unechte Dopplungen? Nenne ein Beispiel.
Unechte Dopplungen entstehen bei der Verbindung der Vorsilbe mit einem Stammwort oder bei zusammengesetzten Wörtern, Beispiele: ve**rr**echnen, Fah**rr**ad

6. Bilde die dritte Person Singular Präsens von „treffen“. Bilde dann das Präteritum und das Perfekt. Erkläre zu jeder der drei Formen, warum gedoppelt wird bzw. warum nicht.
Sie trifft: Es wird gedoppelt, weil der betonte Vokal kurz bleibt. Die Dopplung wird aus der Stammform übernommen.
Sie traf: Es wird nicht gedoppelt, weil der betonte Vokal in der gebeugten Form lang geworden ist.
Sie hat getroffen: Es wird gedoppelt, weil der betonte Vokal kurz ist. Die Dopplung wird aus der Stammform übernommen.

7. Gib ein Beispiel für eine Zusammensetzung.
Was musst du tun, wenn du herausfinden willst, ob und wo in diesem Wort gedoppelt wird?
Sommerferien. Man muss für jedes Teilwort den Betonungsgipfel bestimmen: der Sômmer, die Fêrien

8. Nenne 10 Ausnahme-Wörter, auf die die Dopplungsregel nicht zutrifft.
Kurz gesprochene Wörter ohne Dopplung: im, in, am, an, vom, von, um, zum, ab, ob, das, was, bis, mit, man, ich bin, er hat

Merkwörter mit besonderer Dopplung im Plural: Busse, Ananasse, Kürbisse, Atlasse, Globusse, Iltisse, Albatrosse

Schwer ableitbare Wörter: allein, vielleicht, plötzlich, jetzt

Automatisierung aller gelernten Regeln: Diktat

Diktat zur Automatisierung aller gelernten Regeln

In diesem Diktat, das natürlich in mehreren Etappen geschrieben werden kann, soll der Schüler die Dopplungsregeln und Ausnahmen üben und automatisieren.

Es geht hier nicht um Schnelligkeit, sondern darum, sich bei unbekannten oder nicht sicher gespeicherten Wörtern die Schreibung mithilfe der Regeln zu erschließen. Der Schüler darf deshalb während des Diktats schwierige Wörter unterstreichen und am Ende nochmals prüfen, ob er gemäß den Regeln geschrieben hat.

Fehler, die sich auf die Dopplung beziehen, müssen eingehend besprochen und analysiert werden:

- Wurde die Grundregel nicht verstanden?
- Wurde der betonte Vokal nicht identifiziert?
- Wurde die Klangqualität des betonten Vokals nicht erkannt?
- Handelt es sich um ein gebeugtes Wort?
- Handelt es sich um ein Fremdwort? Usw.

Je nachdem, wo der einzelne Schüler noch seine Probleme hat, muss die Förderung wiederholt oder intensiviert werden werden.

Tafelanschrift: Regisseur, Henry Selick, Wybe

Coraline

Im August 2009 kam der Animationsfilm „Coraline“ von Regisseur Henry Selick in die Kinos. Das düstere und fantastische Gruselmärchen begeisterte auch erwachsene Zuschauer.

Die Handlung: Die elfjährige Coraline zieht mit ihren Eltern in eine abgelegene Villa auf dem Land. Dort wollen ihre Eltern in Ruhe ihrem Job nachgehen und einen Katalog fertigstellen. Für ihre Tochter haben sie dabei wenig Zeit. Enttäuscht und gelangweilt geht die lebhafte Coraline allein auf Erkundungsreise. Sie besucht die exzentrischen Nachbarn, einen russischen Akrobaten und zwei ehemalige Schauspielerinnen, die, umgeben von ihren Terrierhunden, dem Leben auf der Bühne nachtrauern. Zudem lernt Coraline den ständig plappernden Wybe kennen, der in seltsamen Verkleidungen Moped fährt. Doch sie alle können das neugierige Mädchen nicht in seiner Langeweile zerstreuen. Bis zu der Nacht, in der Coraline auf einem ihrer Streifzüge eine versteckte Tür im Haus findet und hindurchgeht.

Auf der anderen Seite wartet eine fantastisch ausgeschmückte Zauberwelt voller Attraktionen darauf, von ihr entdeckt zu werden. Alles gleicht einem Spiegelbild der Welt draußen, nur ist es hier viel aufregender und bunter: Coralines „andere Eltern“ überraschen sie mit ihrem Lieblingsessen und musikalischen Darbietungen. Der „andere Vater“ hat ihr einen leuchtenden Garten angelegt, in dem die Kürbisse Lampions sind und der, von oben betrachtet, ihr Gesicht zeigt. Der russische Nachbar lässt aus Kanonen Zuckerwatte regnen und unterhält Coraline mit einer Vorstellung seines Mäusezirkus. Die beiden Schauspielerinnen haben in ihrer Wohnung ein Opernhaus mit hunderten von Terriern auf den Zuschauerbänken, wo sie Coraline mit einer Ballettaufführung verzaubern und sie mit auf das Trapez nehmen. Auch Wybe kommt in der anderen Welt vor, und dort hält er den Mund, was Coraline gefällt.

Angesichts aller Pracht stört es Coraline gar nicht, dass die Menschen in dieser phantastischen Welt schwarze Knöpfe als Augen haben. Bis die „andere Mutter“ ihr anbietet, für immer dort zu bleiben. Dafür müsste Coraline sich nur ebenfalls schwarze Knöpfe auf die Augen nähen lassen. Coraline ist entsetzt und lehnt ab, doch damit zieht sie die Missgunst der „anderen Mutter“ auf sich...

Der Film steckt voller brillanter Einfälle und Überraschungen und fesselt den Zuschauer durch seine dichte, märchenhaft-düstere Stimmung. Nur am Ende wird die Handlung ein wenig zu vorhersehbar. Das tut dem Zauber der Geschichte jedoch keinen Abbruch.

Die Botschaft des Films: Er ist ein Appell an alle, das wertzuschätzen, was man hat.

Informeller Abschlusstest

1. Wie musst du vorgehen, wenn du herausfinden willst, ob in einem Wort Konsonanten gedoppelt werden oder nicht?

1. Schritt: Den betonten Vokal suchen.
2. Schritt: Bestimmen, ob der betonte Vokal lang oder kurz ist.
3. Schritt: Nach einem *kurzen* betonten Vokal folgt eine Dopplung, wenn man nur *einen* Konsonanten hört.

2. Ordne jedes dieser Wörter in die richtige Kategorie ein: Kastanie, zwicken, Kante

Langer betonter Vokal, *ein* Konsonant folgt	Kurzer betonter Vokal, *zwei verschiedene* Konsonanten folgen	Kurzer betonter Vokal, *zwei gleiche* Konsonanten folgen
Kastânie	Kânte	zwîcken

3. Welches dieser Wörter hat eine betonte Vorsilbe? Unterstreiche.

versagen, <u>ânbrennen</u>, ertappen

4. Wie musst du vorgehen, wenn du herausfinden willst, ob in einem Wort mit betonter Vorsilbe gedoppelt wird? Zeige es an dem Beispiel aus Aufgabe 3.

Die Vorsilbe muss abgetrennt werden. Dann suchst du beim Restwort den betonten Vokal: an – brênnen.

5. Doppeln oder nicht?

Kellneri<u>n</u> (n/nn) Sachbearbeiteri<u>nn</u>en (n/nn)
Mi<u>ss</u>trauen (s/ss) Geheimni<u>ss</u>e (s/ss) Wagni<u>s</u> (s/ss)

6. In welchem dieser Wörter steckt eine unechte Dopplung? Unterstreiche.

Schabracke, <u>verraten</u>, schnorren

7. Suche für die Lückenwörter die richtige Schreibung:

Wiedersehen
Er ka<u>nn</u>te (n/nn) Anna. Sie ka<u>m</u> (m/mm) aus Wien. Er war erfreut, als er sie im Café tra<u>f</u> (f/ff).
Er ko<u>nn</u>te (n/nn) danach an nichts anderes mehr denken
und ho<u>ff</u>te (f/ff) auf ein erneutes Wiedersehen.

8. Wie musst du vorgehen, wenn du bei Zusammensetzungen herausfinden willst, ob gedoppelt wird oder nicht? Führe es an folgendem Beispielwort vor:

Metallkette

Das Wort muss in seine Teile zerlegt werden. Bestimme dann für jedes Teilwort den Betonungsgipfel:
Metâll, Kêtte

9. Suche für jedes Wort die richtige Schreibung:

je<u>tz</u>t (z/tz) plö<u>tz</u>lich (z/tz) a<u>ll</u>ein (l/ll) vie<u>ll</u>eicht (l/ll)

10. Suche auch hier für jedes Wort die richtige Schreibung:

Che<u>f</u> (f/ff) Robo<u>t</u>er (t/tt) Mi<u>n</u>ikleid (n/nn) A<u>n</u>anas (n/nn) Jo<u>b</u> (b/bb)

11. Und wieder einmal wird für jedes Wort die richtige Schreibung gesucht:

Sy<u>mm</u>etrie (m/mm) Fo<u>ss</u>il (s/ss) Porze<u>ll</u>an (l/ll)
Gra<u>mm</u>atik (m/mm) Ko<u>mm</u>ando (m/mm)

12. Ein letztes Mal wird für jedes Wort die richtige Schreibung gesucht:

Karu<u>ss</u>e<u>ll</u> (s/ss; l/ll) Ko<u>mm</u>i<u>ss</u>ar (m/mm; s/ss)
A<u>tt</u>ra<u>pp</u>e (t/tt; p/pp) Te<u>rr</u>a<u>ss</u>e (r/rr; s/ss)

Handbuch zur Rechtschreibförderung

Grundlagen und Förderpraxis – für Lehrer, Eltern, Förderkräfte und Lerntherapeuten

Kenntnisse AUFFRISCHEN, VERTIEFEN, NEU ERWERBEN

Handbuch zur Rechtschreibförderung

Was müssen Lehrer, Förderkräfte oder Eltern wissen, um die **Fehler der Kinder verstehen** zu können und ihnen Schritt für Schritt die Rechtschreibung durchschaubar zu machen? Wie können Kinder individuell und effektiv gefördert werden? Das Handbuch vermittelt einen **kompakten Überblick** über die zentralen Fragen von Diagnose und Förderung.

Unser Förderansatz folgt dem Ziel, Kinder an ihre eigene (oder, im Fall von Kindern mit Migrationshintergrund, neue) Sprache auf eine Weise heranzuführen, die es ihnen erlaubt, mit ihr so souverän umgehen zu können, als ob sie ihre ureigene Erfindung wäre. Das daraus entwickelte förderdiagnostische Modell lautet: **„Rechtschreibung erforschen, verstehen und üben"**.

Im **ersten Teil** des Handbuchs werden die einzelnen Bausteine und didaktischen Prinzipien der Lernserver-Rechtschreibförderung erläutert. Sie erhalten Hinweise und Anregungen für die Umsetzung schulischer und außerschulischer individueller Rechtschreibförderung.

Im **zweiten Teil** können Sie Ihre Kenntnisse zu den verschiedenen Regelbereichen auffrischen, vertiefen oder neu erwerben. Für sämtliche Förderbereiche gibt es praktische Hinweise und Anregungen zur konkreten Gestaltung der jeweiligen Förderstunden. Wortlisten, Vorschläge für Lernspiele und Ideen zum gemeinsamen Erforschen der Sprache runden das Werk ab.

Best.-Nr. 48209 **€ 19,80**

Was Eltern brauchen, um ihr Kind selbst zu fördern

Schritt 1	Schritt 2	Schritt 3
Test & Diagnose der individuellen Rechtschreibfähigkeiten	**Auswertung** Erstellung des Leistungsprofils und eines maßgeschneiderten Förderplans	**Individuelle Fördermaterialien für zuhause** abgestimmte Übungen, Spiele, Erklärungen

Schritt 1: Test und Diagnose

Hierzu richten Sie sich zunächst unter portal.lernserver.de Ihr persönliches Lernserver-Portal ein. Das Elternpaket enthält fünf altersgerechte Testbögen, aus denen Sie einfach den richtigen Test für Ihr Kind auswählen. Ein Beispiel: Teststufe 2/3 ist für Mitte Klasse 2 bis Mitte Klasse 3 geeignet.
Den Test (ein Lückendiktat) führen Sie mit Ihrem Kind zuhause durch.

Schritt 2: Auswertung und individuelle Förderung

Sie geben die Testergebnisse Ihres Kindes in Ihr Elternportal ein. Diese werden elektronisch an die Uni Münster übermittelt. Hierbei authentifizieren Sie sich über die Eingabe des Codes, der Ihrem Elternpaket beiliegt.
Nach der computergestützten und durch Förderexperten abgesicherten Auswertung wird ein individueller Förderplan erstellt. Wahlweise können Sie (gegen eine Gebühr) die Testergebnisse auch vom Team des Lernservers eingeben lassen. Dazu senden Sie uns den ausgefüllten Testbogen bitte per Post zu.

Schritt 3: Erstellung der passgenauen Fördermaterialien

Aus unseren mehr als 8.000 fröhlich illustrierten Arbeitsblättern werden punktgenau die Materialien ausgewählt, die Ihrem Kind einen optimalen Lernfortschritt ermöglichen. Die Übungen sorgen für Lernspaß und sind alle mit einem Lösungsblatt versehen. Zahlreiche wertvolle Anregungen helfen Eltern oder Förderkräften, dem Kind die bestmögliche Unterstützung zukommen zu lassen.

Förderung zuhause
Wir stellen Ihnen Diagnoseergebnisse und Arbeitsunterlagen über das Internet in Form von PDF-Dokumenten zur Verfügung (Elternpaket Basis/Download). Auf Wunsch erhalten Sie diese in Form eines individuellen Förderbuchs (Elternpaket Premium). Die Materialien sind in didaktisch sinnvolle Portionen unterteilt und auf einen Förderzeitraum von ca. einem Jahr ausgelegt.

Die Lernserver-Schritte: Diagnose und Förderung

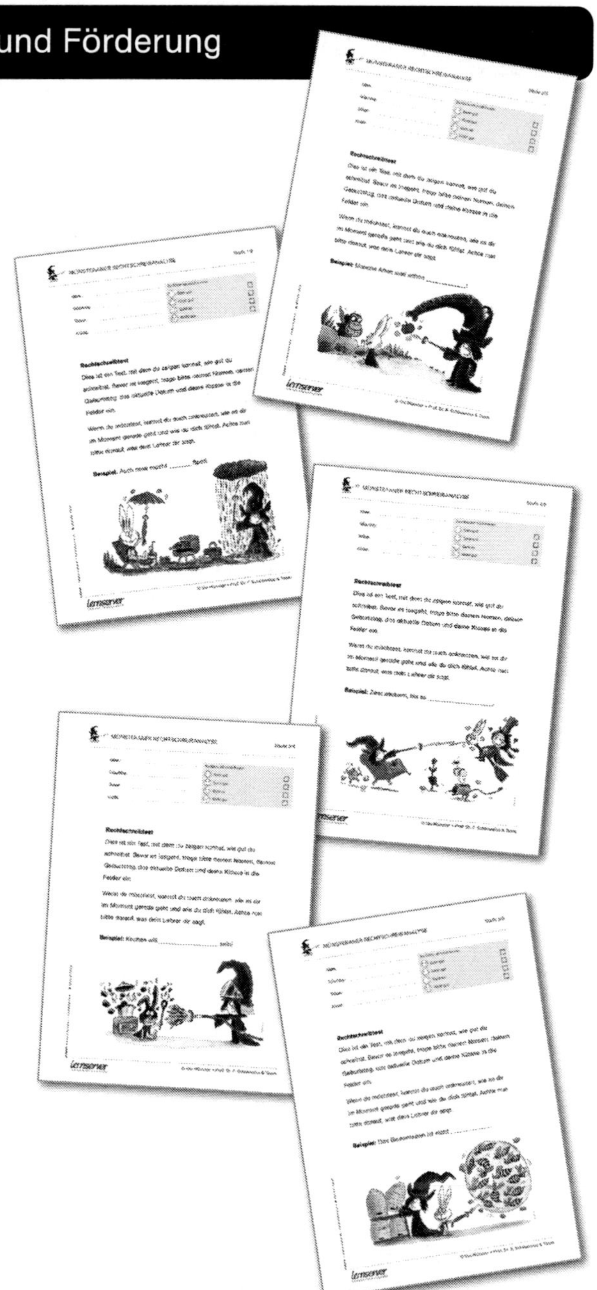

Schritt 1 + 2: Test und Diagnose

Mit Bestellung der **Münsteraner Rechtschreibanalyse (MRA)** erhalten Sie für jedes Kind einen Testbogen. Nach Analyse der Fehlschreibungen sind die wichtigsten Ergebnisse in Form eines Leistungsprofils umgehend online als PDF-Dokument abrufbar. Außerdem liefert Ihnen die **Lernserver-Normierung** quantitative und qualitative Aussagen über Leistungsstand und Förderbedarf des Kindes. Die Kennziffern und die Förderempfehlung werden dabei durch **symbolische Ampeln** visualisiert, die einen schnellen Überblick über Leistungsstand und Förderbedarf bieten.
Die Testbögen der Münsteraner Rechtschreibanalyse sind **altersadäquate Lückendiktate** (jetzt auch als Jugendlichenversion erhältlich), die handschriftlich vom Kind ausgefüllt werden. Anschließend werden die Fehlschreibungen der Kinder online über eine bequeme Eingabemaske in das System des Lernservers eingegeben. Die Diagnose der Rechtschreibleistung erfolgt binnen weniger Sekunden.

Hinweis: Sämtliche Fehlschreibungen werden durch Experten analysiert!

Normiertes Leistungsprofil mit integrierter Ampelfunktion und Förderempfehlungen:

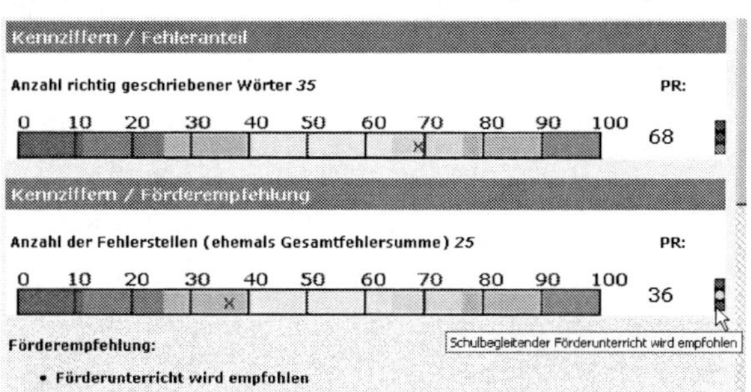

Quelle: http://normierung.lernserver.de

Festpreis für die MRA € 12,00

Als Kooperationsangebot im Rahmen regionaler Förderinitiativen oder der Schulversion und für Lernserver-Partner (Lern-Coach, LRS-Trainer) für nur € 8,00

Rechtschreibtests jetzt auch online durchführbar!

Die Lernserver-Schritte: Diagnose und Förderung

Schritt 3: Die Lernserver-Förderung

Individuelle Förderung

Auf Basis der Diagnose werden für jedes Kind **individuelle Fördermaterialien** in Form von **Arbeitsblättern mit Lösungen, Erklärungen, Fördervorschlägen, Wortlisten, Spielideen, Hör- und Sprechübungen** sowie zahlreichen weiteren Übungsformen zusammengestellt. Im Durchschnitt sind dies je Kind etwa 300 Arbeitsblätter, die für eine Förderung von bis zu einem Jahr ausreichen. Gebündelt in überschaubare Fördereinheiten helfen sie, fehlende Grundlagen zu erarbeiten und die schwierigen Bereiche Schritt für Schritt zu erobern.

Individuelle Förderung
zum Festpreis € 38,00

Als Kooperationsangebot im Rahmen regionaler Förderinitiativen oder der Schulversion und für Lernserver-Partner (Lern-Coach, LRS-Trainer) für nur € 19,50

Individuelles Förderbuch
Auf Wunsch erhalten Sie die Materialien der Online-Förderung zusätzlich in ausgedruckter Form.
Kosten pro Exemplar: € 29,90
(zzgl. Versand)

Hinweis: Die Erstellung eines Förderbuches setzt die Buchung einer Online-Förderung voraus!

Gruppenförderung (mit didaktischer Reduktion!)

Nach erfolgter Eingangsdiagnose (z.B. einer Klasse oder der gesamten Stufe) können Sie sich ein differenziertes Bild vom Leistungsstand einer größeren Anzahl von Schülern machen. Die Diagnose-Ergebnisse können nach unterschiedlichen quantitativen und qualitativen Kriterien aufeinander bezogen werden, so dass Sie sinnvolle Fördergruppen von 5-8 Schülern zusammenstellen und auf die Gruppe abgestimmte Fördermaterialien abrufen können.
NEU: Unsere didaktische Reduktion erleichtert Ihnen die Förderung von größeren Gruppen!

Gruppen-Förderung
Die Arbeitsmaterialien für die Fördergruppe können online in Ihrem Portal abgerufen werden.
Kosten pro Gruppe: € 25,00

Hinweis: Bis maximal 30 Schüler pro Gruppen-Förderung. Automatische Zusammenstellung homogener Teilgruppen möglich.

Gruppen-Förderbuch
Auf Wunsch erhalten Sie die Materialien der Online-Förderung zusätzlich in ausgedruckter Form.
Kosten pro Exemplar: € 29,90
(zzgl. Versand)

Hinweis: Die Erstellung eines Gruppen-Förderbuches setzt die Buchung einer Gruppen-Online-Förderung voraus!

Für alle Klassenstufen liegen ab sofort auch B-Tests vor, die entweder als Zwischentest nach frühestens einem halben Jahr Förderung oder zur Evaluation am Ende der Förderung eingesetzt werden können (bis auf Weiteres kostenlos).